KB022874

생각의 힘을 길러주는
우리 신화 읽기

교과서 속 우리 신들을 만나다

생각의 힘을 길러주는 우리 신화 읽기

신홍엽, 이임정, 정은해, 최혜정 지음

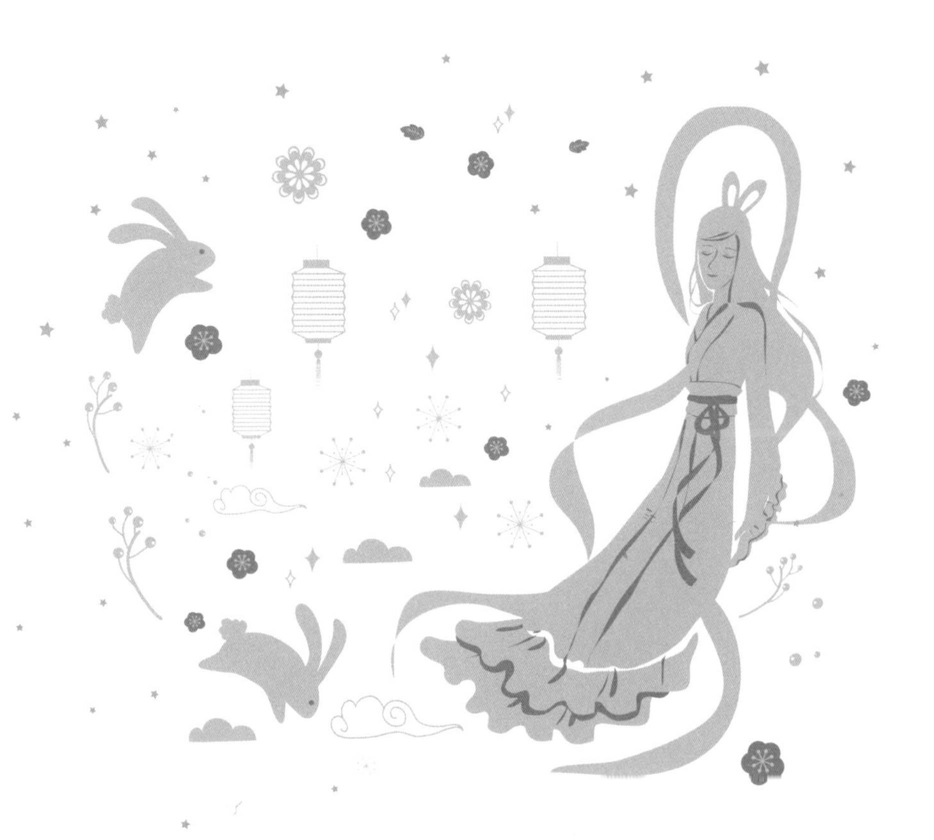

우리 신화의 세계로 들어가며

우리는 어렸을 때부터 책이나 애니메이션, 영화를 통해 많은 신화를 경험합니다. 그런데 나라마다 신화가 있음에도 불구하고 우리가 접하고 있는 신화는 그리스 로마 신화, 마블의 히어로물 그리고 게임이나 판타지물에 나오는 북유럽 신화가 전부라고 해도 과언이 아닙니다.

여기서도 볼 수 있듯이 우리는 다른 나라의 신화는 많이 접하고 있지만 아쉽게도 우리나라 신화에 대해서는 무지하다는 것을 알 수 있습니다. 그 원인으로는 일제 강점기에 벌어진 문화 약탈과 단절의 영향도 있지만 서양 문물을 맹신하는 사대주의적 사고를 가지고 있기 때문이라는 사실을 부인할 수 없습니다. 또한 우리 신화에 대한 소비가 적극적으로 이루어지지 않았기 때문에 소극적인 생산이 될 수밖에 없는 문화 산업의 구조도 또 하나의 원인입니다.

신화를 읽는다는 것은 인간의 본질을 이해하는 것입니다. 인간의 본성이 무엇인지, 본성에 따라 추구하는 것이 무엇인지 신화를 통해 알게 됩니다. 결국 신화는 우리 인간이 추구해야 할 가치에 대한 이야기라고 볼 수 있습니다.

신화 속에서 벌어지는 사건들은 인간이 더불어 살기 위해 경계해야 할 것을 알려 주기도 하고, 인간이 어떤 존재인지에 대해 생각하게 만듭니다. 하지만 나라마다 문화가 다르고 추구하는 가치 또한 다릅니다. 그런 연유로 신화는 우리 사회에서 중요한 역할을 하고 있습니다.

신화에 나오는 다양한 삶의 모습을 통해 우리가 가지고 있는 전통적인 문화와 가치들을 살펴보고, 현대적인 관점에서 이를 비판적으로 바라보면서 더 나은 내일을 생각하게 됩니다. 이것은 우리가 추구해야 되는 인간 교육의 본질과 맞닿아 있습니다.

다행스럽게도 최근 우리 신화가 다양한 방면에서 알려지고 있습니다. 우리 신화를 소재로 웹툰이 제작되고, 이를 각색하여 영화로도 만들어져 사람들에게 사랑을 받았습니다. 그리고 게임의 스토리도 우리 신화를 토대로 만들어지고 있습니다. 또한 외국인을 위한 한국어 교육에 한국 신화가 이용되기도 합니다.

지금이야말로 우리 신화의 전성기라고 볼 수 있습니다. 그러나 여전히 다른 나라의 신화를 읽을 때처럼 원전에 대한 관심은 그렇게 높다고 볼 수 없습니다.

《생각의 힘을 길러 주는 우리 신화 읽기》는 신화의 원전을 이해하도록 돕고 있습니다. 더불어 이야기를 통해 과거의 문화와 의식을 살펴보고, 현재를 살아가는 우리가 고민해야 되는 것이 무엇인지 생각할 수 있도록 해 줍니다.

또한 이 책의 독자인 청소년들의 발달 단계를 고려하여 교과과정을 바탕으로 한 '교과연계 토론·논술 활동'을 만들었습니다. 이를 통해 우리 아이들은 신화에 담긴 다양한 사고를 경험하고, 우리가 현대 사회의 일원으로 건강하게 살아가기 위해 필요한 것이 무엇인지 생각하게 됩니다.

책 속 부록으로 소개하고 있는 도서 58선은 한국독서문화연구소 CURI 연구원들이 모여 많은 작품들을 탐색하고 논의를 거쳐 선정했습니다. 선정 기준으로 가장 중요하게 생각한 것은 원형에 대한 이해입니다. 우리 신화의 원형이 훼손되지 않고, 연령대에 맞게 잘 전달되고 있는가에 대하여 숙고하였습니다. 개작된 작품은 신화에 담겨진 가치를 현대의 가치에 맞추어 재생산하였는가를 중점적으로 살펴보았습니다.

이 과정에서 우리 신화를 토대로 만들어진 책이 다양하지 않아 안타까운 마음이 들었습니다. 우리 신화의 원형에 대한 관심이 다양한 콘텐츠의 생산으로 이어지길 바라는 간절한 마음을 이 책에 담았습니다.

우리 신화 공간 지도

천하궁
동경국
기러기강
김치고을
해동국
동해바다
황산들
소진뜰
명진국
지하궁

1부. 세상은 어떻게 만들어졌을까?

4부. 저승에서 이승까지

1부
세상은 어떻게
만들어졌을까?

세상이 처음 생겨난 이야기

창세가

세상을 살다 보면 이런 질문은 꼭 한 번쯤 해 봅니다.

'나는 누구일까?'

'나는 어디에서 왔을까?'

이런 질문이 꼬리에 꼬리를 물고 생각을 따라가다 보면 결국 '세상은 어떻게 생겨난 것일까?'라는 질문에 도달하게 됩니다.

하늘과 땅이 생겨난 이야기, 동물과 식물이 생겨난 이야기, 인간이 생겨난 이야기, 물과 불이 생겨난 이야기 등 우리가 알고 있는 '세상이 처음 생겨난 이야기'는 대부분 서양의 《성경》 내용 가운데 〈창세기〉의 이야기랍니다. 세상이 말씀으로 창조되고, 흙을 빚어 인간을 만들었다는 이야기 말입니다.

"그럼 우리에게도 세상이 처음 생겨난 이야기가 있나요?"라는 질문을 할 거예요. 물론 우리나라에도 세상이 처음 생겨난 이야기가 전해져 내려오고 있답니다. 어둠 속에서 하늘과 땅이 생겨난 이야기, 우리나라 최초 신이 어떠했는지, 물과 불의 근원을 찾는 이야기, 인간이 생겨난 이야기, 나중에 나타난 또 다른 신이 인간 세상을 차지하게 되는 이야기 등 흥미로운 이야기를 만날 수 있습니다.

여러분은 '세상을 만든 신'이라고 하면 어떤 이미지가 떠오르나요?

아무것도 없는 깜깜한 어둠에서 빛으로 나타난 신이 말만 하면 하늘이 생기고, 땅이 생기고, 물과 불을 만들어 내는, 말만 하면 뚝딱 무언가가 생기는, 이런 신이 창조신이라고 생각할 거예요.

그런데 우리 창세 신화는 무無에서부터 창조가 아니라 신이 나타나서 원래 있었던 것을 분리하고 우주적 질서를 찾아가는 것이 매우 흥미롭습니다.

지금부터 할 이야기는 김쌍돌이 구연 〈창세가〉입니다. 사학자이자 민속학자인 손진태에 의하면 우리나라에 전해지는 유일한 창조 설화라고 합니다.

우리 창세 신화는 하늘과 땅이 분리되는 이야기부터 시작됩니다. 처음 세상은 어디부터 하늘이고 어디부터 땅인지 알 수 없는, 하늘과 땅이 하나로 붙어 있는 상태였지요.

그런데 거대 신(미륵)이 나타나 하늘과 땅을 갈라 놓고 다시는 이 둘이 붙지 않도록 사방에 구리 기둥으로 하늘을 받쳐 놓습니다. 이 이야기는 중국의 창세 신화와 비슷합니다. 하늘에는 해와 달이 각각 두 개씩 있었는데 거대 신이 해 하나를 떼어 큰 별과 작은 별을 만들고, 달을 떼어 북두칠성과 남두칠성을 만들었습니다. 또 하늘과 땅, 그 사이의 공간을 만들어 그곳에서 살아갈 생명들이 변화무쌍하게 살 수 있도록 터전을 만들었습니다.

그렇다면 거대 신의 모습이 어떠했는지 궁금하지요? 옷을 만들어 입는 과정과 식사량에 대한 묘사를 보면 거대 신이 얼마만큼 큰지 짐작할 수 있답니다.

이 산 저 산 길게 뻗은 칡덩굴을 파내어 껍질을 벗기고
잘게 쪼갠 뒤에 꼬고 삼고 이어서 실을 만들었지.
그런 다음 하늘 아래 베틀을 놓고
구름 속에 잉앗대를 걸고 베를 짰어.
- 중 략 -
세상에는 불도 없고 물도 없어.
곡식을 그냥 생긴 대로 먹었어.
익히지도 않고 날것 생것으로 먹으니
몇 섬 몇 말을 먹어도 배가 안 찼어.

재미있는 신화적 상상입니다. 거대 신이 옷을 지을 때 하늘 아래 베틀을 놓고 구름 속에 잉앗대를 걸고 옷을 짰다고 합니다. 엄청 높고 커다란 베틀이라니 상상이 되나요? 그 베틀에서 짠 옷감이 산을 덮고 들을 덮을 만큼 넓은 옷감이라니. 그 옷감으로 옷을 해 입은 신은 정말 거대하겠죠.

또한 거대 신은 끼니로 몇 말 몇 섬을 먹어도 배가 차지 않는

다고 합니다. 한 말이 8킬로그램이고, 한 섬이 144킬로그램 정도이니 정말 어마어마한 식사량입니다.

이 내용을 통해 우리가 알 수 있는 것은 거대 신의 면모뿐만 아니라 우리 조상들이 어떻게 옷을 해 입기 시작했고, 생쌀을 먹어 배가 차지 않는다는 것을 통해 음식을 익혀 먹게 된 동기를 찾을 수 있습니다. 이 이야기는 우리가 살아가는 데 가장 기본이 되는 입는 것과 먹는 것을 통해 인간 문화의 시작을 직접적으로 나타내고 있습니다.

그렇다면 음식을 익혀 먹으려면 무엇이 필요한가요? 그렇습니다. 물과 불이 필요하겠죠. 우리 신화에서는 물과 불의 근원을 밝히는 이야기로 거대 신이 밥을 해 먹기 위해 물과 불을 찾았다고 묘사해 놓았습니다. 여기서 재미있는 사실은 풀메뚜기, 풀개구리, 쥐에게 물어 물과 불을 찾게 됩니다.

그런데 신이라면 다 알아야 하는 거 아닌가요? 그러나 우리의 거대 신은 풀메뚜기와 풀개구리를 불러 종아리를 때려 가며 물과 불이 어디에 있는지 묻습니다. 거대 신에게는 보이지도 않을 것 같은 미물을 불러다가 종아리까지 때리다니요. 상상만 해도 재미있습니다. 결국 쥐에게 세상의 뒤주*를 허락하고 물과 불이 있는 곳을 찾게 됩니다.

거대 신은 물과 불을 찾은 후 인간을 만듭니다. 인간은 어디서

* 곡식을 넣어 두는 창고

왔을까? 무엇으로 만들었을까? 많이 궁금하시죠?

우리 신화에 나타나는 인간 창조는 매우 독특합니다.

> 한 손에 금쟁반을 들고 다른 한 손에 은쟁반을 들고 하늘에 빌었어.
> 그랬더니 하늘에서 벌레가 떨어져
> 금쟁반에 다섯 마리 은쟁반에 다섯 마리 떨어지더래.
> 미륵님이 그 벌레 열 마리를 정성으로 길렀더니
> 벌레들이 자라나서 금벌레는 남자가 되고 은벌레는 여자가 됐어.
> 그 다섯 쌍이 부부 되어 자식을 낳으니 세상 사람이 생겼더라.

먼저 인간은 다른 생명체와 달리 신의 뜻에 의해 하늘에서 내려온 특별한 존재라는 거예요. 금빛 은빛으로 빛난다는 것은 하늘의 기운(해와 달)을 받아 빛나는 것으로, 우리 조상들은 '인간은 신성성이 있는 존재'라고 믿었습니다. 벌레가 자라나 인간이 되었다고 하는 것은 우리 조상의 진화론적 관점을 볼 수 있습니다.

지금까지의 이야기를 통해 알 수 있는 것은 우리나라의 창조신은 자연 세계를 창조한 신이 아니라 '인간과 인간이 생활하는 공간을 창조한 신'이라는 사실입니다.

그러던 어느 날, 나중에 온 신(석가)이 거대 신에게 도전장을 내밉니다. 인간 세상을 차지하겠다고 내기를 건 거예요. 내기는 세 차례에 걸쳐 이루어졌는데, 인간 세상을 두고 경쟁하는 장면은 우리나라 창세 신화에서 종종 볼 수 있습니다.

거대 신과 나중에 온 신이 겨룬 첫 번째 내기는 바다로 나가 병에 줄을 매단 후 먼저 줄이 끊어지면 지는 시합이고, 두 번째 내기는 강물을 먼저 얼리는 시합입니다. 첫 번째와 두 번째 내기에서 거대 신이 이겼지만 나중에 온 신이 마지막으로 한 번만 더 내기를 하자고 합니다.

꽃을 먼저 피우는 시합인 마지막 내기에서도 거대 신이 먼저 꽃을 피워 이겼지만 나중에 온 신이 거대 신의 꽃을 몰래 꺾어 제 무릎에 꽂아 놓습니다. 속임수를 써서 나중 온 신이 인간 세상을 차지하게 되는 것이지요. 후에 거대 신은 나중에 온 신이 속임수를 쓴 사실을 알았지만 저주를 퍼붓고 떠납니다.

축축하고 더러운 석가야.
너 세상이 될라치면 대문마다 솟대 서고
가문마다 기생 나고, 가문마다 과부 나고
가문마다 무당 나고, 가문마다 도적 나고
가문마다 백정 나고

이 저주는 이후 인간 세상에서 벌어질 끔찍한 불행과 악을 예언합니다. 또한 거대 신을 속여 인간 세상을 차지한 나중에 온 신이 인간 세상을 혼란하게 만든 장본인임을 밝히고 있습니다. 어쩌면 인간이 타락하게 된 원인을 인간을 만들어 낸 신의 탓으로 돌리고 있는지도 모르겠습니다.

우리는 〈창세가〉를 통해 인간 창조 외에도 해와 달, 별의 운행 질서, 동물에 관한 인식, 물과 불의 근원 등 다양한 세계 질서들을 알게 됩니다.

여러분은 〈창세가〉를 통해 지금 살기 힘들어도 각자 제자리에서 스스로를 잘 가꾸며, 모두가 하나같이 제 힘으로 살기 좋은 세상으로 만들어 가길 바라겠습니다.

우리 신화와 함께하는 토론·논술 활동

다음은 초·중·고등 교과와 연계하여 논술 및 토론 활동에 활용하면 좋을 자료입니다. 문제의 난이도와 교과에 따라 선택하여 활용하세요.

1 난이도 ★, 초등 국어

〈창세가〉는 세상이 처음 생겨난 이야기입니다. 각 나라마다 그 민족에게 내려오는 창조 신화가 있는데요. 내가 알고 있는 창조 신화가 있다면 친구들에게 이야기해 봅시다. (예: 중국 창조 신화, 일본 창조 신화, 이집트 창조 신화, 마야의 창조 신화 등)

2 난이도 ★★, 중등 과학

우리 신화에는 거대 신이 별을 만드는 과정이 나옵니다. 하늘의 해를 떼어 큰 별과 작은 별을 만들고, 달을 떼어 북두칠성과 남두칠성을 만들었습니다. 이 이야기를 들으며 속으로 '에이! 거짓말'이라고 했을 겁니다. 그렇다면 여러분이 알고 있는 별의 탄생과 죽음에 대해 이야기해 봅시다.

3 난이도 ★, 초등 국어

거대 신이 완전한 존재라면 나중 온 신의 도전 따위는 물리칠 수 있어야 할 것입니다. 나중 온 신의 부정한 행위에 화를 내고 인간 세상을 저주하고 떠난 거대 신의 행동에 대해 여러분은 어떻게 생각하나요?

4 난이도 ★★, 중등 과학

우리나라의 〈창세가〉는 창조론과 진화론 중 어떤 입장으로 서술하고 있는지 근거를 대고 서술해 봅시다.

창조론 | 인간, 삶, 지구, 우주가 신의 의지적 작정과 섭리 그리고 개입에 의한 기원을 가지고 있다고 주장하는 사상이다. 이 개입은 완전한 무에서의 창조일 수도 있고, 이전에 있던 혼돈에 질서를 부여하고 기존의 물질을 사용한 2차적인 창조도 포함된다.

진화론 | 진화는 생물 집단이 여러 세대를 거치면서 변화를 축적해 집단 전체의 특성을 변화시키고 나아가 새로운 종의 탄생을 야기하는 관찰된 자연 현상이라고 본다.

5 난이도 ★★, 중등 국어

거대 신과 나중에 온 신이 인간 세상을 차지하기 위해 세 가지 내기를 합니다. 각각의 내기는 무엇을 의미하는지 이야기해 봅시다.

첫 번째 내기, 바다로 나가 병에 줄을 매달아 먼저 줄이 끊기면 지는 시합
두 번째 내기, 강물을 먼저 얼리는 시합
세 번째 내기, 꽃을 먼저 피우는 시합

저승과 이승을 다스리는

대별왕과 소별왕

우리 신화에서 태초의 사람이 태어나 살던 곳은 어땠을까요? 《성경》에 나오는 에덴동산처럼 먹을 것이 풍부하고 선악이 구분 없는 평화로운 곳이었을까요? 우리 신화에 나오는 태초의 사람이 태어나 살던 곳은 에덴동산과는 반대의 모습으로 그려져 있습니다.

해와 달이 두 개여서 여름에는 뜨겁고, 겨울에는 얼어붙을 듯 추웠답니다. 애써 키운 곡식들이 마르고 시들어 항상 먹을 것이 부족했고요. 또 엄청 드세고 포악한 수명장자가 인간을 못살게 굴어 그리 평화로운 세상은 아니었나 봅니다.

그런 수명장자를 하늘의 천지왕도 어찌 못했는데요. 얼마나 대단한 인간이기에 신이 두 손 두 발 다 들었을까요? 어떤 인간인지 궁금하시죠?

천지왕도 어찌 못한 수명장자에 맞서 인간 세상의 질서를 바로잡은 인물이 있는데요. 바로 대별과 소별이에요. 이 두 인물이 어떻게 태어나 자라서 인간 세상의 법도와 저승의 법도를 바로 세우는지 이야기를 통해 살펴봅시다.

〈천지왕본풀이〉는 제주에서 전해지는 창세가의 하나로 저승을 다스리는 대별왕, 이승을 다스리는 소별왕 이야기가 나오는 신화입니다. 이 이야기를 하려면 이 세상의 온갖 것들이 처음 생겨난 이야기부터 해야 합니다. 하늘과 땅이 생겨난 이야기, 해와 달이 생겨난 이야기, 인간이 생겨난 이야기 말이에요.

앞에서 살펴본 〈창세가〉(육지에서 전하는 이야기)와 〈천지왕본풀이〉(제주에서 전하는 이야기)를 비교해 무엇이 비슷하고, 무엇이 다른지 비교해 보는 것도 의미가 있을 거라고 생각합니다.

태초에 인간이 사는 세상은 혼란스러웠습니다. 하늘에 두 개의 해와 달이 있어 사람들은 더위와 추위 그리고 굶주림으로 힘들어합니다. 귀신과 산 사람 구분 없이 이야기를 나누고 새와 짐승, 꽃과 나무도 말을 했습니다.

여러분은 귀신과 이야기를 하고 자연의 생물과 이야기를 나눈다면 어떨 것 같나요? 재미있을 것 같다고요? 그런데 천지왕이 보기에는 인간 세상이 혼란스럽게 느껴졌나 봐요. 무질서한 인간 세상이 신에게는 큰 걱정거리였을 겁니다.

그러나 천지왕에게는 이보다 더 큰 걱정거리가 있는데 바로 사람들을 힘들게 하는 수명장자였습니다. 인간 세상에서 사나운 짐승들을 다스리며 사는 그는 사람들이 애써 농사를 지어 놓으면 곡식을 싹 쓸어갔습니다. 이로 인해 식량은 항상 부족했고, 어떤 사람들은 굶어 죽기도 했답니다. 천하에 짐승도 사람도 하물며 귀신까지도 무서울 게 없는 자가 바로 수명장자였습니다.

그런 그를 천지왕 또한 어찌할 수 없었답니다. 천지왕이 수명장자를 잡아 머리에 쇠그물 철망을 씌워 벌을 내리는데도 살려달라고 빌기는커녕 종에게 도끼로 머리를 내리치라고 할 정도였으니까요. 이런 수명장자를 살려 주고 천지왕은 돌아섭니다.

왜 이런 악한 인간을 신은 그냥 두었을까요? 지금 우리의 시각으로 판단했을 때 수명장자가 악한 사람으로 보일 테지만 신화시대에는 아직 선과 악을 구분하지 않았고, 인간의 일에 신이 많은 부분 개입하지 않은 것으로 보입니다. 선과 악의 구분은 대별왕과 소별왕이 인간 세상의 법과 저승의 법을 세운 후 구별했기 때문입니다.

이제 대별왕과 소별왕 이야기를 해 보겠습니다.

대별왕과 소별왕의 아버지는 하늘의 왕인 천지왕입니다. 그는 악명 높은 악당 수명장자를 잡으러 인간 세상에 내려왔다가 총명 아기씨를 만나게 됩니다. 하늘의 왕과 인간 세상의 아기씨가 만나 부부의 연을 맺었습니다.

이것은 하늘과 땅의 결합, 태초에 하늘과 땅이 하나였듯이 하늘의 신과 땅의 인간이 만나 결혼하는 것은 그리 이상한 일이 아닙니다.

부부의 연은 사흘, 천지왕은 아내를 인간 세상에 두고 하늘로 올라갑니다. 형제의 이름 — 대별과 소별 — 만 남겨두고 말이죠. 그리고 그 증표로 박씨 두 알과 옥빗 반쪽을 주고받습니다.

시간이 지나 쌍둥이 형제가 태어납니다. 쌍둥이가 열두 살이 되었을 때 친구들에게 '애비 없는 자식'이라며 놀림을 받습니다. 두 아들은 어머니에게 아버지에 대한 이야기를 듣고 아버지를 찾으러 하늘로 올라갑니다. 박 줄기를 타고 말이죠.

아버지를 찾아온 쌍둥이에게 천지왕은 내 아들이 맞는지 확인하기 위해 증표를 보여 달라고 합니다. 반쪽 옥빗을 보여 주자 천지왕은 쌍둥이를 자신의 아들로 인정하고, 드디어 부자는 상봉합니다.

그러나 기쁨도 잠시, 천지왕은 두 아들을 불러 땅에 가서 해야 할 일이 있다고 합니다. 그것은 하늘에 떠 있는 두 개의 해와 달을 조정하라는 것인데, 〈창세가〉에서도 해와 달의 조정 이야기가 나옵니다. 거대 신이 해를 떼어 내 큰 별과 작은 별을 만들고, 달을 떼어 내 북두칠성과 남두칠성을 만드는 이야기입니다.

〈천지왕본풀이〉에 나오는 해와 달의 조정 이야기도 매우 인상적입니다. 천 근짜리 활과 백 근짜리 화살로 대별왕은 뒤에 오는 해를 쏘아 그것이 부서져 동쪽 하늘의 별을 만들고, 소별왕

은 뒤에 오는 달을 쏘아 부서져 서쪽 하늘에 수천 개의 별이 생겨났습니다.

그런데 왜 천지왕은 처음 만난 아들들에게 활쏘기로 해와 달을 조정하라고 시켰을까요?

활쏘기는 원시 수렵민의 세계관과 깊은 관계가 있습니다. 수렵민에게 최고의 명사수는 최고의 능력자인 동시에 영웅입니다. 고구려의 명사수를 이르는 말이 '주몽'인데, 주몽이 고구려의 건국 왕이 된 것만 봐도 짐작할 수 있습니다.

대별왕 소별왕 이야기에서는 사회가 혼란스러울 때 문제를 해결하는 영웅으로서의 면모와 삶의 치열한 도전 정신이 담겨 있습니다.

해와 달을 조정한 후 대별왕과 소별왕의 대결이 시작됩니다. 천지왕은 큰아들 대별왕에게 이승을 맡으라고 합니다. 그런 아버지의 말씀에 소별왕은 불만을 품었습니다. 형이 차지한 이승이 더 좋아 보였던 거죠. 소별왕은 어떻게든 이승을 차지하고 싶었습니다. 이승법과 저승법을 마련해야 하는데 형제는 서로 이승을 차지하려 했습니다. 그래서 이승과 저승을 두고 형제간의 한판 대결이 벌어집니다.

형제가 벌인 대결은 수수께끼 시합과 꽃 피우기 시합입니다.

대별왕과 소별왕의 수수께끼 시합을 한번 볼까요?

“아우야. 어떤 나무는 사철 푸르고 어떤 나무는 가을이 되면 잎이 진다. 그게 무슨 까닭이냐?”

“형님아, 마디기 짧은 나

무는 잎이 늘 푸르고 속이 빈 나무는 잎이 떨어집니다."

"아우야, 그런 말 말아라. 청대, 조릿대는 마디마디 속이 비어도 잎이 지지 않는다."

"아우야, 무슨 까닭에 동산의 풀은 잘 자라지 않고 우묵한 곳의 풀은 잘 자라느냐?"

"형님아. 봄이 되어 비가 내리면 동산의 흙은 우묵한 곳으로 흘러내리니 동산에는 풀이 잘 자라는 겁니다."

"아우야, 그런 말 말아라. 그렇다면 사람에 빗대어 보자. 왜 높은 쪽인 머리털은 길게 자라고 낮은 쪽인 발등에 난 털은 짧은 것이냐?"

지혜롭지 못한 소별왕은 형님의 물음에 답을 하지 못하였습니다. 이렇게 수수께끼 시합은 대별왕이 이겼습니다.

꽃 피우기 시합에서 승부를 가르는 아침, 대별왕이 정성껏 키워 싱싱하게 핀 꽃을 소별왕이 자기 앞으로 가져다 놓고, 자기가 키운 시들시들한 꽃을 대별왕 앞에 몰래 갖다 놓습니다. 이렇게 꽃을 바꿔치기하는 편법으로 소별왕은 이승을 차지하게 됩니다.

그런데 왜 이런 시합으로 세상의 운명이 좌지우지되어야 할까요? 수수께끼 시합은 곧 지혜를 시험하는 것입니다. 혼란한 세상의 질서를 바로잡으려면 지혜가 꼭 필요하겠죠.

두 번째 꽃 피우기 시합에서 중요한 것은 생명을 키우고 그 생명이 가지고 있는 능력을 펼칠 수 있도록 도와주는 힘일 거예요. 인간 세상을 다스리며 돌볼 때 생명을 제대로 키우는 것이 핵심

능력이기에 이런 시합을 한 것 같습니다.

막무가내인 소별왕에게 이승을 내주고 대별왕은 이런 말을 남기고 저승으로 갑니다.

"아우 소별왕아, 이승법일랑 차지하여 들어서라. 네가 이승법을 차지하면 인간 세상에 살인, 역적, 도둑이 많아지리라. 남자는 자기 아내 놓아두고 남의 아내를 탐내는 이가 많고, 자기 남편 놓아두고 남의 남편 그리워하는 이가 많으리라. 나는 저승법을 마련하마. 저승법은 맑고 청량한 법이로다."

어디서 많이 본 장면 같지 않으세요? 〈창세가〉에서 거대 신과 나중에 온 신이 인간 세상을 차지하기 위해 다투는 장면과 비슷하죠. 나중에 온 신이 편법으로 인간 세상을 차지하는 모습은 소별왕과 겹치고, 인간 세상을 빼앗기고 저주를 퍼부으며 떠나는 거대 신은 대별왕의 모습과 겹칩니다.

이렇게 눈에 빤히 보이는 사기술로 이승을 차지한 소별왕은 이승을 잘 다스렸을까요? 이승을 보니 무질서가 판을 치고 혼란이 말이 아니었습니다. 초목과 새와 짐승들이 사람의 언어로 말을 하고, 귀신과 산 사람이 서로 부르고 대답하는 모습을 본 소별왕은 이런 이승의 혼란을 정리할 방법이 도저히 떠오르지 않았습니다.

소별왕은 대별왕에게 이승이 버겁다며 혼란스러운 것들을 바로잡아 달라고 조릅니다. 이에 대별왕은 소나무 껍질 가루를 뿌려 모든 금수와 초목의 혀를 마비시켜 말을 못하게 하고, 사람과 귀신의 분별은 저울로 재서 백 근이 차면 인간 세상으로 보내고, 백 근이 모자란 건 귀신으로 처리하였습니다. 대별왕은 더 이상의 일은 해 주지 않았고, 이로써 우주와 자연의 질서는 바로잡혔습니다.

소별왕은 천지왕도 어찌 못하던 수명장자를 잡아 벌을 내립니다. 수명장자의 살과 뼈를 갈아 허공에 뿌리니 그것이 수천수만 마리의 파리와 모기 그리고 빈대와 벼룩으로 변해 세상 곳곳에 흩어졌다고 합니다. 수명장자를 징벌하면 인간 세상이 평안할 줄 알았는데 죽어서도 해충이 되어 끝까지 인간들을 괴롭히네요.

이는 원시적 삶(힘으로 다스리는 세상)에서 문명적 삶(지혜와 권력으로 다스리는 세상)으로 전환되어 질서를 잡아가는 과정에서 나타나는 불완전함이라는 의미를 내포하고 있습니다.

'이승에서 착하게 살고 덕을 베풀면 죽어 천당 간다'는 옛말이 있듯이 대별왕은 고통스럽고 불쌍하게 산 사람들을 가엾게 여겨 저승에서 따뜻하게 보살핍니다. 고생고생하며 눈물로 보낸 이승이지만 죽어 저승에 가면 대별왕이 위로하며 눈물을 닦아줍니다. 이렇듯 저승은 누구에게나 공평합니다. 저승법은 언제나 맑고 곧은 법이기 때문입니다.

대별왕은 지혜롭고 생명도 살려내는 능력을 지녔음에도 불구하고 이 세상을 다스릴 수 없다는 사실이 아쉽습니다. 그러나 다행스럽게도 부조리와 고통으로 힘겹게 살아온 인생들이 저승에 가면 대별왕이 상처를 보듬어 주고 생명을 다시 불어넣어 주기 때문에 우리는 죽은 후의 삶에 대한 구원과 희망을 꿈꿀 수 있습니다.

우리는 대별왕 소별왕 이야기를 통해 세상이 어떻게 존재하며, 이 세상을 어떻게 살아가야 하는지에 대해 생각해 보아야겠습니다.

우리 신화와 함께하는 토론·논술 활동

다음은 초·중·고등 교과와 연계하여 논술 및 토론 활동에 활용하면 좋을 자료입니다. 문제의 난이도와 교과에 따라 선택하여 활용하세요.

1 난이도 ★, 초등 국어

이승은 우리가 현재 살아가고 있는 세상을 말합니다. 저승은 사람이 죽은 뒤에 그 혼이 가서 사는 세상입니다. 이렇듯 죽어야만 갈 수 있는 저승은 지옥과 극락으로 나뉘는데요. 이승에서 죄를 짓지 않고 살아야 극락으로 가고, 그렇지 않으면 지옥으로 간다고 합니다. 여기서 이야기하는 저승은 어디에 있으며, 어떤 모습일지 상상해 봅시다.

2 난이도 ★, 초등 국어

편법으로 이승을 다스리게 된 소별왕 대신 천지왕이 정해준 대로 대별왕은 이승을 다스리고, 소별왕은 저승을 다스린다면 이승과 저승은 어떨지 상상해 봅시다.

3 난이도 ★, 초등 통합교과

소별왕과 대별왕은 이승을 차지하기 위해서 수수께끼 시합과 꽃 피우기 시합을 합니다. 수수께끼 시합은 '지혜'를 의미하고, 꽃 피우기 시합은 '인재를 키우는 능력'을 의미합니다. 21세기 리더가 되기 위해 지혜와 인재를 키우는 능력 중 무엇이 더 중요하다고 생각하나요? 이유에 대해 이야기해 봅시다.

4 난이도 ★★, 중등 국어

사나운 동물들을 다스려 사람들의 식량을 빼앗고 위협하는 수명장자에게 천지왕은 징벌을 내리지 못합니다. 우리가 생각하기에 신은 능력자라 못할 것도 없는데 말이지요. 이렇듯 신이 인간 세상에 간섭하지 않는 이유가 무엇인지 이야기해 봅시다.

제주를 지키는

설문대 할망

제주를 보면 섬 전체가 그림 같고, 박물관 같다는 생각이 듭니다. 한라산, 성산일출봉, 거문오름 등 제주의 자연은 그 자체만으로도 충분히 박물관이라 할 수 있습니다. 야생 동식물의 보고이며, 화산 분출로 인한 다양한 토질은 절경을 이루고 있습니다.

아름다운 제주를 보면 제주의 자연을 만든 신이 누구인지 궁금하기도 하고 정말 대단하다는 생각이 듭니다. 한라산은 어떻게 만들어졌으며, 작은 오름들은 어떻게 생겨났고, 제주 주변의 많고 작은 섬들 또한 어떻게 생겨났을까? 하고 말이에요.

제주에는 우리의 창조 여신 '설문대 할망' 이야기가 전해지고 있습니다. 이 이야기는 육지와 다른, 제주만이 지닌 자연환경에

꼭 맞추어 존재하는 이야기라고 생각됩니다.

제주도 한가운데 우뚝 선 한라산을 보면 엄마의 품처럼 제주를 따뜻하게 품고 있는 듯합니다. 봉긋봉긋 솟아 있는 오름은 또 어떠한가요? 옹기종기 모여 있는 오름이 있는가 하면 뚝뚝 떨어져 독립적으로 존재하는 오름도 있습니다.

한라산과 수많은 오름은 설문대 할망이라는 아주 큰 여신이 만들었습니다. 할망의 키가 얼마나 큰지 한라산을 베개 삼고 누우면 다리는 제주 앞바다에 있는 관탈섬에 걸쳐졌다고 합니다. 관탈섬은 제주도와 추자도 사이에 있는 무인도입니다.

할망이 치마폭에 열심히 흙을 날라 한라산을 만들다 보니 하늘에서 입고 내려온 날개옷이 차츰차츰 낡아갔대요. 그렇게 날개옷이 헤지는 바람에 그 구멍으로 흙이 새어 지금의 오름이 되었다고 합니다.

한라산을 다 만들고 난 설문대 할망은 자신이 만든 작품을 바라보니 한라산 산봉우리가 너무 뾰족한 거 같더래요. 그래서 주먹으로 가볍게 봉우리를 톡 치니 움푹 파였답니다. 이렇게 해서 백록담이 만들어졌습니다.

제주 동쪽 바다에는 소가 누워 있는 것처럼 보인다 하여 소섬 혹은 우도라고 불리는 섬이 있습니다. 우도가 생긴 내력을 알려 드릴까요?

설문대 할망은 한라산을 다 만들고 나니 오줌이 마려웠습니다. 그래서 한 발은 식산봉에, 다른 한 발은 성산일출봉을 딛고

앉아 힘차게 오줌을 누었습니다. 설문대 할망의 오줌 줄기가 얼마나 셌던지 제주도 한 귀퉁이가 떨어져 나가 우도가 되었고, 패인 골짜기에는 오줌이 넘쳐 바다가 되었답니다.

우리가 알고 있는 홍수 신화, 노아의 방주 이야기는 신이 인간에게 분노하여 생명을 파괴하고 인류에게 징벌을 내리는 데 초점을 두었습니다. 그러나 제주의 설문대 할망 이야기는 제주도의 한 귀퉁이를 오줌으로 날려 버렸다는 점에서 파괴라는

성격을 담고 있지만 동시에 바다를 만드는 창조의 성격을 담고 있어 노아의 방주 이야기와는 차이가 있습니다.

우리 선조들은 설문대 할망의 오줌 누는 행위가 단순히 불필요한 것을 몸 밖으로 배설하는 것이 아니라 세상의 소금을 보듬은 바다를 창조하는 행위로 생각하였습니다.

섬사람들이 설문대 할망에게 부탁을 합니다. 섬과 육지 사이에 바다가 있어 힘드니 다리를 만들어 달라고요. 다리를 놓아 주면 명주로 옷 한 벌을 해 올리겠다고 약속합니다.

설문대 할망은 마을 사람들이 간청한 소원을 생각하며 바닷가로 나갑니다. 섬의 북쪽 바닷가 여울목에 큰 바윗돌을 놓습니다. 다리를 만드는 일은 마음만 먹으면 얼마든지 가능한 일이었지만 마음이 영 내키지 않았습니다. 바다와 섬의 완벽한 조화를 깨뜨리는 일 같아 설문대 할망은 다리 놓기를 그만둡니다.

또 다른 이야기에는 마을 사람들이 명주 백 동이 아닌 하나가 빠진 아흔아홉 동으로 옷을 만들어 바치니 약속을 못 지켰다 하여 설문대 할망이 다리 놓기를 그만두었다고 합니다.

이렇게 놓다 만 다리는 현재 한림, 조천, 모슬포 세 지역의 지형을 연상하게끔 합니다.

설문대 할망이 사람들에게 속옷을 요구했다는 이야기도 있습니다. 이는 이야기가 전해 내려오면서 설문대 할망에 부여된 여신의 신성성은 말살되고 세속적인 성적 이미지가 덧붙여진 것 같습니다. 신화가 전설로, 전설이 민담으로 변화하면서 본질이

심하게 훼손된 것입니다.

그러나 명주옷이냐 속옷이냐는 그리 중요하지 않습니다. 이야기로 돌아가면 결국 제주 사람들의 염원인 육지와 섬을 잇는 다리는 완성되지 않고 이야기가 끝이 납니다.

섬사람들이 옷을 만드는 의미는 다양합니다.

첫 번째는, 설문대 할망이 요구하는 명주 백 동과 제주 사람들이 구할 수 있는 명주 아흔아홉 동은 인간이 신을 넘어서지 못한다는 것을, 신과 인간 사이에 절대 건널 수 없는 경계를 상징하는 듯합니다.

두 번째는, 그 시절 거대 여신의 옷을 만들기 위해서는 초인적인 힘과 노력이 필요했습니다. 직조 기술이 발달해 있는 것도 아니고 재봉 기술이 뛰어난 것도 아니어서 사람이 감당하기 어려운 과제였습니다. 이는 인간은 신에게 범접할 수 없는 존재임을 보여 주는 의미가 아닌가 생각됩니다.

마지막으로, 섬사람들은 명주 옷감을 모아 설문대 할망에게 드립니다. 그 명주 옷감을 보며 설문대 할망은 슬픔에 젖습니다. 섬사람들이 강요에 의해 옷감을 억지로 내놓은 것을 알기에 옷을 지을 수 없다고 합니다. 섬사람들의 정성과 마음이 보였던 거지요.

설문대 할망은 하늘에서 내려와 날개옷을 입고 있었습니다. 하늘의 옷은 세상의 옷감으로 만들 수 있는 것이 아닙니다. 이 또한 신은 인간이 범접할 수 없는 존재라는 것을 의미합니다.

제주의 신천리와 하도리에서는 아직도 해마다 새 옷을 지어 '당신 할망'에게 바치는 풍습이 있습니다. 마을 당에 가면 신이 살고 있는 나무에 고운 한복을 지어 입혀 둔 모습을 볼 수 있습니다.

그렇다면 할망이 육지까지 놓아준다는 다리—놓다 만 다리—에서 육지는 어디이고 다리가 상징하는 의미는 무엇일까요?

'이어도 사나'라는 제주 민요가 있습니다. 해녀의 노동요인 이 노래에는 제주 사람들의 고된 삶에 대한 애환과 이상향을 향한 마음이 담겨 있습니다. 전설에 의하면, 어부들이 죽으면 간다는 환상의 섬, 상상 속의 섬이 '이어도'입니다. 바다 건너 어딘가에 있을 무릉도원 같은 땅, 언젠가는 꼭 가 보고 싶은 그런 땅인 이어도가 제주 사람들이 그렇게 염원하던 육지가 아닐까요?

이야기의 결말은 설문대 할망이 제주 안에 있는 깊은 물 중 자기 키보다 더 깊은 것이 있나 시험하다가 물장오리에 빠져 죽습니다. 또 다른 이야기에서는 설문대 할망에게 아들이 500명 있었는데 그 아들들에게 죽을 끓여 먹이려다가 실수로 큰솥에 빠져 죽습니다.

또 다른 이야기를 보면 다리를 만들어 주지 않았다고 섬사람들이 내뱉는 원망의 소리 때문에 설문대 할망의 몸이 아프게 됩니다. 상처를 치유하기 위해 깊은 물에 들어가야 한다는 이야기를 듣고 설문대 할망은 물장오리에 들어갑니다. 생명의 물에 스며들어 간 설문대 할망은 그녀가 창조한 제주 땅과 하나가 되어

심이 된 것으로 끝이 납니다.

제주도에서 전설로 전해지는 설문대 할망 이야기에서는 왜 그녀를 죽였을까요? 신이라면 영원불멸한 존재인데 말이죠. 천지왕도 제주의 창세 신 중 한 명입니다. '혹시 신은 당연히 남신이라는 기존의 생각과 관념이 설문대 할망을 죽인 건 아닐까?'라는 의문을 품어 봅니다.

그러나 신에게 죽음이란 없습니다. 변용만 있을 뿐입니다. 물장오리에서 설문대 할망은 생명의 물로 바뀐 것입니다. 물은 생명이고, 여성성의 상징이기도 합니다. 물장오리는 부정한 자가 접근하거나 소리를 지르면 금세 안개가 끼어 돌아오는 길을 잃는다고 합니다. 그만큼 신성한 장소이기도 합니다.

설문대 할망은 제주도의 창조자일 뿐 아니라 그녀의 몸이 곧 제주 땅입니다. 설문대 할망은 지금 한라산을 베개 삼아 길게 누워 꿈을 꾸고 있을지도 모릅니다.

혹시 제주도를 여행한다면 사라진 창조 여신 설문대 할망의 자취를 꼭 한번 따라가 보시길 바랍니다.

우리 신화와 함께하는 토론·논술 활동

다음은 초·중·고등 교과와 연계하여 논술 및 토론 활동에 활용하면 좋을 자료입니다. 문제의 난이도와 교과에 따라 선택하여 활용하세요.

1

난이도 ★, 초등 국어

제주 올레길은 총 21코스로 되어 있습니다. 각 코스가 연결되어 제주도를 한 바퀴 돌 수 있대요. 한 코스 당 대략 5~6시간 이상 걸어서 갈 수 있도록 만들었대요. 제주도가 얼마나 큰지 짐작이 가나요? 설문대 할망은 이런 제주도를 만든 창조신이자 거대한 몸을 가진 거인의 모습을 하고 있습니다. 설문대 할망이 얼마나 큰지 상상하여 그려 봅시다.

설문대 할망은 엄청나게 키가 큰 여신이었어요. 얼마나 크냐면 설문대 할망이 빨래를 할 때는 한라산 백록담에 걸터앉아 왼쪽 다리는 관탈도에, 오른쪽 다리는 서귀포 앞바다 지귀도에 놓고, 성산일출봉을 바구니 삼고, 우도를 빨랫돌 삼아 빨래를 했대요. 또 성산일출봉 기슭에 있는 촛대 모양의 등경돌 바위에 등잔을 올려놓고 바느질을 했다고 해요.

2 난이도 ★★, 중등 국어

할망이라는 뜻은 지금 쓰이는 할머니를 의미하는 것이 아니라 '한+어미', 즉 '큰 어머니'라는 뜻입니다. 설문대 할망의 모습에서 '거대한 몸집'과 '세찬 오줌발'이 뜻하는 것은 무엇인지 생각해 보고 이야기해 봅시다.

	나의 생각	친구들의 생각
거대한 몸집		
세찬 오줌발		

3 난이도 ★★, 중등 사회

설문대 할망의 '오줌발'에서 보듯이 거대한 오줌발을 지닌 역사적 여인이 있습니다. 오줌이 바다를 이루는 꿈과 관련된 역사적 기록을 살펴봅시다. 이러한 꿈에는 선조들의 어떠한 세계관이 담겨 있는지 함께 이야기해 봅시다.

오줌발을 지닌 역사적 인물	
오줌발에 담긴 세계관	

4 난이도 ★★, 중등 사회 & 과학

제주 사람들은 설문대 할망에게 땅으로 갈 수 있는 다리를 만들어 달라고 말합니다. 그에 대한 설문대 할망의 태도는 신의 영역과 인간의 영역을 구분하는 것을 의미합니다. 과학이 발전되면서 인간이 신의 영역에 도전하는 사례를 찾아봅시다.

5

난이도 ★★★, 고등 통합 교과

제주의 설문대 할망 외에도 마고할미나 노고할미, 갱구할미 등 지방에도 거구의 창조 여신에 대한 전설이 많이 있습니다. 이러한 창조 여신들은 부정적인 면만 부각되거나 사람들의 기억에서 점점 잊힌 존재가 되었습니다. 우리 신화에서 창조 여신들을 부정적으로 보는 이유와 사람들 기억에서 사라진 이유가 무엇인지 근거를 들어 논술해 봅시다.

마고할미의 창세는 한국의 다른 신화에서 미륵이나 천지왕과 같은 남신이 행하는 창세와는 차별점이 있다. 남신은 천지개벽이나 일월 조정과 같은 1차적 창조를 하는 데 비해, 마고할미는 1차적 창조 후 자연과 산천을 세상의 일부로 조성하거나 특정 지역의 지형을 형성하는 2차적 창조 행위를 담당한다. 이렇게 1단계와 2단계의 창세가 남신과 여신으로 갈라져 이루어지는 것은 한국 창세 신화의 특징이라 할 만하다. 아울러 이 현상은 한반도에서 이루어진 여신의 주변화 또는 위계 변동과도 관련이 있다.
보령의 유명한 창조 여신 '갱구할미'를 예로 들면, 현지답사에 나서서 그가 움직였다는 본거지를 이리저리 찾아다녀 보았지만 전승의 작은 편린마저 찾기 어려웠다. 또한 전설 속의 마고는 그 본래의 신성을 잃은 채 흉한 '마귀할멈'이 되어 기피와 조롱의 대상이 되고 있다. 마고할미가 마귀할멈으로 바뀐 그 변화 속에 우리 문명사 또는 문화사의 핵심적인 한 단면이 깃들어 있는지도 모른다.

2부

우먼 파워 여신들

저승 가는 길을 위로해 주는

바리데기

우리가 알고 있는 옛이야기 중에는 부모에게서 버림받은 이야기들이 많이 있어요. 백설공주는 예쁘다는 이유로 숲속에 버려지고, 헨젤과 그레텔은 가난하다는 이유로 계모에게 버려집니다. 심청이는 아버지의 눈을 뜨게 하려고 스스로 바다에 몸을 던지는 일을 자청하기도 합니다. 그리스의 신 크로노스는 자신이 아버지를 공격한 것처럼 자식들에게 보복을 당할까 두려워 아기가 태어나면 집어삼켜 자신의 몸속에 가두기로 합니다. 하지만 부인 레아는 크로노스에게서 아들 제우스를 살리기 위해 포대기에 싸인 돌덩이를 그에게 줍니다. 다행히 목숨을 건진 제우스는 아버지에게 버림을 받고 염소의 젖으로 살아갑니다.

여기 부모에게 버림받은 이야기가 또 하나 있습니다. 바리데기는 태어나자마자 부모에게 버림받지만 자신을 버린 부모를 위해 험난한 여정을 선택합니다. 아버지 크로노스를 죽이는 제우스와 달리 바리데기는 자신을 버린 부모를 위해 죽은 자들만 갈 수 있다는 저승길을 선택합니다.

자신을 버린 부모를 위해 죽음의 길을 가다니 이해가 안될 수도 있습니다. 바리데기는 험난한 여정 이후 어떤 삶을 살았을까요? 다시 공주가 됐으니 편안한 삶을 선택했을까요? 아버지의 뒤를 이어 왕이 되었을까요? 죽어가는 아버지를 위해 아무 일도 하지 않은 여섯 언니들과 형부들은 또 어떻게 되었을까요?

불라국이라는 나라의 오구대왕은 마음씨 좋은 길대부인과 부러울 것 없이 살았어요. 그런 길대부인과 오구대왕에게 걱정이 하나 있었습니다. 아들을 원하는 이들에게 딸만 여섯 명이나 있었던 거예요. 부부의 나이가 쉰 살을 넘었으니 대를 이을 수 없다고 생각했지요.

그러던 어느 날, 지극정성으로 공을 들이면 맺힌 한을 풀 수 있다는 노스님의 말을 듣고 장안사 큰절을 찾아 백 일 동안 지극정성으로 기도를 올렸어요. 기도 덕분인지 길대부인은 이상한 꿈을 꾸었어요. 일곱 가지 무지개 빛과 함께 해와 달이 길대부인의 어깨에 떨어지고 별이 품에 쏘옥 안기지 않겠어요?

이 태몽을 꾸고 태기를 느낀 길대부인은 열 날 후 아기를 낳았습니다. 그런데 길대부인은 아기를 보고 까무러칠 뻔했어요. 일곱 번째 아기도 고운 여자아이였던 거예요. 딸이라는 말을 들은 오구대왕은 아이를 볼 생각도 하지도 않고 아이를 멀리 아주 멀리 바다로 내다 버리라고 합니다.

〈바리데기〉는 입에서 입으로 전해지는 이야기여서 경기도 지역, 영남 지역과 호남 지역 등 50여 편의 이야기가 약간씩 차이를 보입니다.

다른 이야기에서는 오구대왕과 길대부인이 그 해에 결혼을 해서는 안 되는 운수인데 결혼을 해서 딸을 낳게 되었다고 합니다. 점쟁이의 말을 듣고 다음 해에 결혼을 했다면 아들 셋을 얻을 수 있었을 텐데 오구대왕은 점쟁이의 예언을 무시합니다.

또 아이를 버리는 장소도 뒷동산의 양지바른 후원에 버립니다. 그런데 청학과 백학, 까치가 돌봐 주기도 하고 거미와 개미가 얼굴에 달라붙어 바글거리는 상황에서도 아이는 목숨을 부지하고 있습니다. 오구대왕은 이런 모습이 불길하다며 옥함에 아이를 넣어 금 자물쇠, 흑 자물쇠 꼭꼭 채워 서해 바다 또는 첩첩 산중에 아이를 다시 버립니다.

오구대왕은 왜 자신의 대를 이을 자식으로 아들만 고집했을까요? 우리 사회의 남아선호 사상은 첫째 아들이 가계를 이어받아 결혼 후에는 부모님을 모시고 제사를 물려받으며 재산까지 상속받는 남성 중심의 사상입니다.

이런 남성 중심의 사회에서 아들을 낳지 못하는 길대부인은 큰 목소리를 낼 수 없었습니다. 왕의 명령을 거역할 수도 없고 핏덩이 같은 자식을 버릴 수도 없는 상황에서 길대부인은 어떤 결정을 내렸을까요?

그녀는 밤새 울면서 아이가 태어나면 입히려고 했던 옷과 함께 아이에게 마지막으로 젖을 물리고 산속에 버립니다. 다른 이야기에서는 바다에 버려지기도 합니다.

태어나자마자 버려진 아이라 해서 '바리데기'라고 이름을 지어 주고 아이의 옷 보따리 속에 이름을 써서 넣어 주고 돌아서야 했어요. 첩첩산중에 아이를 돌봐 주는 사람도 없이 떼어놓고 오자니 발걸음이 떨어지지 않았지만 달리 방법이 없었습니다.

한편 오구대왕은 보기 싫은 자식을 갖다 버리면 시원할 줄 알았는데 근심이 쌓여 갔어요. 근심은 하루이틀 지나면서 깊은 병이 되어 나라 안의 용하다는 의원들이 애를 써도 나아질 기미가 보이지 않았습니다.

다른 이야기에서는 오구대왕과 길대부인이 함께 병에 걸립니다. 자식을 버린 부모의 무거운 마음 때문에 생긴 병일까요?

그러던 어느 날, 노스님이 시주를 청하면서 오구대왕을 살릴 수 있는 방법을 말해 줍니다. 그 방법은 인간 세상에는 없고 서천서역국에 있는 약수를 먹어야 한다는 거예요.

그 말을 들은 길대부인은 여섯 딸을 불러 의논을 하지만 딸들은 이런저런 핑계만 대고 약수를 구하러 갈 수 없다고 하였어요. 자식들의 이런 행동에 화가 나기도 하고 서운하기도 한 길대부인은 한숨과 눈물만 짓습니다. 그러다 잠깐 잠이 든 사이 꿈에 노스님이 나타나 일곱째 공주를 찾으라고 합니다. 잠에서 깨어난 갈대부인은 딸을 찾아 나섭니다.

부모에게 버림받은 바리데기는 어떻게 되었을까요? 산속에 버려진 바리데기는 산신령이 맡아 기르면서 세상에서 살아가는 데 필요한 모든 것을 배우게 됩니다.

다른 이야기에서는 비리공덕 노부부가 부처님의 뜻을 받들어 바리데기를 돌봐줍니다. 부처님은 노부부에게 공덕에 대해 물어봅니다. 그들은 깊은 물에 다리를 놓는 공덕, 헐벗은 사람에게 옷을 주고 배고픈 사람에게 밥을 주는 공덕, 목마른 사람에게 물을 주는 공덕 중에 배가 고파 우는 아기에게 젖 먹여 기르는 공덕이 제일이라고 이야기합니다. 그것을 아는 자들이야말로 이 아이를 키울 자격이 있다며 부처님은 흔쾌히 바리데기를 노부부에게 맡깁니다.

1970년대만 해도 우리가 살던 동네에는 거지가 한 명씩 있었습니다. 거지가 밥 동냥을 오면 집에 있는 남은 밥을 나눠 주곤 하였습니다. 과부나 부모 없는 아이가 그 동네에서 견디지 못하면 '천하의 몹쓸 동네'라는 꼬리표가 따라붙기도 하였습니다.

윤회를 중요시하는 불교에서 남에게 무언가를 베푸는 것은 중요한 덕목 중 하나였습니다. 모든 것이 풍부한 현대사회에서 우리에게 공덕은 무엇일까요?

그러던 어느 날, 산신령은 바리데기에게 오늘 어머니가 찾아

올 거라고 말하고는 사라집니다. 15년 동안 길러 주신 스승님이 갑자기 사라져 버려 서러워하고 있는데 갑자기 여인의 울음소리가 들려오는 거예요. 소리가 나는 곳으로 가 보니 어떤 부인이 "내 딸 바리데기야." 하며 울고 있네요.

부인은 바리데기에게 자신이 아이를 갖다 버린 이야기를 하였어요. 그때 바리데기의 머릿속에 스승님이 떠나기 전에 자신의 보따리를 풀어 보라고 한 이야기가 떠올랐어요. 보따리 속에는 길대부인이 직접 써 넣은 '바리데기'라는 이름이 쓰인 종이가 있었어요.

바리데기는 깜짝 놀라 자신의 어머니인 길대부인을 알아봅니다. 15년 만에 모녀의 만남이 이뤄진 것이지요. 어머니 품에 안겨 하염없이 눈물을 흘리던 바리데기는 집으로 돌아와 오구대왕을 뵙게 됩니다.

자신을 보지도 않고 버린 아버지이지만 혈육의 정은 어쩔 수 없나 봅니다. 아버지를 만나자마자 서로 부둥켜 앉고 한참을 웁니다. 그동안 얼마나 고생을 했는지 이야기도 하면서 말이지요.

하지만 기쁨도 잠시. 바리데기는 서천서역국으로 아버지의 병을 고치기 위해 약수를 구하러 떠나야 합니다. 늠름한 선비의 모습으로 남장을 한 바리데기는 저승을 향해서 나아갑니다.

서천서역국으로 가는 길에 바리데기는 극락의 길은 좁은 길이며, 지옥의 길은 넓은 길이라는 것을 알게 됩니다. 극락으로 가기 위해 그녀는 혼자서 하기 힘든 너른 밭을 갈기도 하고, 죽어라 방아를 찧기도 합니다. 수천 필의 베를 짜기도 하고, 검은 빨래를 흰 빨래로 흰 빨래는 검은색이 나게 빨래를 하면서 노동의 신성함을 몸소 깨우칩니다.

바리데기는 힘든 일을 하면서 손이 거칠어지고 몸은 아팠지만 극락으로 가는 길은 버림받아 떠나는 길이 아니라 세상을 품기 위해 스스로 나아가는 길이란 것을 알아갑니다.

이처럼 바리데기는 아버지의 생명을 구하기 위해 떠난 험난한 여정을 통해 자기 자신의 참된 모습을 찾아가면서 버림받은 과거를 치유하는 길을 만들어 갔습니다.

바리데기는 서천서역국으로 가려면 동대산 동대청의 동수자를 찾아가 약수를 구해야 한다는 이야기를 듣습니다. 동수자는 본래 천상의 사람인데, 죄를 짓고 세상으로 내려와 30년 동안 서천서역국의 약수를 지키게 되었지요.

남장을 한 바리데기의 정체를 알아보기 위해서 동수자는 내기에서 지면 옷을 벗는 내기 바둑을 두자고도 하고, 술도 먹여 봅니다. 또 오줌 줄기를 멀리 보내는 내기 시합을 하자고 합니다. 더 이상 피할 길이 없는 바리데기는 이젠 어쩔 수 없다고 생각하였습니다. 그런데 까치들이 담장 밑에 있던 대나무를 가져오자 새까만 구름이 몰려오더니 대나무 위로 물이 쏟아집니다. 마치 동수자가 있는 곳으로 오줌 줄기를 쏘아 보내는 것처럼 보입니다.

까치와 구름의 도움으로 여자임을 들키지 않았다고 생각했는데 동수자는 또 다른 묘책을 꾸밉니다. 약수를 구하려면 목욕재

계를 해야 한다면서 바리데기의 옷을 감춘 것이지요. 결국 바리데기가 여자임이 밝혀집니다.

동수자는 바리데기에게 아들 셋을 낳아주면 약수가 있는 곳을 알려주겠다고 합니다. 달리 방법이 없는 바리데기는 동수자의 청을 들어주기로 합니다. 아들 셋을 낳고 약수를 구하러 간 사이 동수자는 하늘로 올라가 버립니다.

다른 이야기에서는 동수자가 바리데기에게 아들 일곱을 낳아달라고 하고 그녀와 함께 불라국으로 갑니다. 아버지를 구해야겠다는 마음 하나로 처음 보는 동수자의 아내가 되어 아이를 낳고 기르면서 바리데기는 무슨 생각을 했을까요? 부모가 된다는 것이 쉬운 일이 아니라는 것을 알았을까요? 아니면 자신을 버린 부모님의 마음을 알게 되었을까요?

어른이 된다는 것은 쉬운 일이 아닌 것 같습니다. TV 프로그램 제목처럼 어른들은 '어쩌다 어른'이 되었는지도 모르겠습니다. 자기가 스스로 선택한 것이 아니라 어쩌다 어른이 되어서 삶이 힘들고 더 고된 것일지도 모릅니다. 하지만 바리데기는 스스로 결정을 했고 자신이 모든 어려움을 헤쳐 나갔기 때문에 '어쩌다 어른'이 아니라 '완벽한 어른'이 되었습니다.

이제 아이 셋을 낳고 약수를 구해 아버지에게 갑니다. 약수를 구해 오는 데 너무 오랜 시간이 걸린 것일까요? 아버지는 돌아가시고 장례 행렬을 맞이하게 됩니다.

하지만 바리데기는 포기하지 않습니다. 아버지의 상여를 잡아

세워 관 뚜껑을 열고 약수를 아버지 입에 가져가 한 방울 두 방울 떨어뜨립니다. 그러자 놀랍게도 오구대왕이 일어납니다. 마치 깊은 잠을 자고 일어난 것 같은 오구대왕은 바리데기를 보고 반가워합니다. 그리고 미안해합니다.

바리데기는 모든 임무를 완수했으니 아버지의 뒤를 이어 궁궐에서 편안한 삶을 살았을까요? 바리데기는 천상에 여섯 언니들이 좌정할 자리를 마련하고 본인은 죽은 영혼을 극락으로 인도하는 오구신이 됩니다. 안타깝고 서럽게 죽음을 맞이하는 자들을 좋은 곳으로 인도하는 역할을 자청합니다.

아버지에게 버림받았지만 바리데기에게 원망과 후회는 찾아볼 수가 없습니다. 마지막까지 누군가에게 도움을 주는 삶을 선택한 바리데기. 그녀를 보면서 남을 위해 사는 삶보다 자신의 성공과 안정을 위해서 애쓰는 우리의 모습을 돌아보게 됩니다.

어렸을 때 동네에서 굿을 하는 무당의 모습을 보면 무서웠습니다. 그래서인지 무당이나 굿에 대한 기억이 그리 좋지 않습니다. 그런데 〈곡성〉이라는 영화를 보고 기억이 바뀌었습니다. 나홍진 감독이 만든 이 영화는 시골 마을에서 벌어지는 연쇄 살인사건을 용하다는 무당을 불러들여 해결하려고 하는 이야기입니다. 이 영화에서 무당이 한판 굿을 하는 장면이 있는데 마치 공연장에서 가수가 멋진 공연을 하는 것과 같아서 보는 내내 '멋지다!'라는 생각을 하였습니다.

우리 선조들은 사람들과 함께 모여 신나게 노는 것을 두루 칭하여 '굿'이라고 했답니다. 굿은 우리 조상들의 삶이요, 문화였던 것입니다. 이런 굿이 미신이 된 것은 일본의 역사학자들이 우리 문화와 역사를 왜곡하는 과정에서 만들어진 일입니다.

강릉의 단오굿*, 동해안의 별신굿, 경기도의 도당굿** 등은 지역마다 행해지는 마을의 잔치라고 할 수 있습니다. 마을의 잔치에 즐거운 일만 있는 것은 아니겠지요. 우리 민족에게는 누군가가 죽었을 때 함께 아픔을 나누는 문화가 있습니다. 바리데기는 누군가 죽었을 때 저승 가는 길을 위로해 주기 위한 굿 속의 여신이랍니다.

태어남과 성장 그리고 죽음은 인생의 과정입니다. 그 과정 중 죽음은 유독 받아들이기가 힘이 듭니다. 모든 사람이 편안한 삶을 살다가 죽음도 편히 맞이할 수 있다면 좋겠지만 우리에게 죽음은 받아들이기 어렵습니다.

바리데기는 죽음의 과정에서 상처받고 버림받은 영혼들에게 손을 내밀어 저승 가는 길을 인도하고 안내하는 우리 신입니다.

---

* 단오 전후에 강원도 강릉 지방에서 행하는 마을 굿. 풍년을 빌고 재앙을 쫓기 위하여 서낭신에게 굿을 올리며 각종 민속놀이도 한다. 2005년에 유네스코 세계 무형 유산으로 지정되었다.

** 동네 사람들이 도당(마을의 수호신을 모시고 제사 지내는 집)에 모여 그 마을의 수호신에게 복을 비는 굿.

우리 신화와 함께하는 토론·논술 활동

다음은 초·중·고등 교과와 연계하여 논술 및 토론 활동에 활용하면 좋을 자료입니다. 문제의 난이도와 교과에 따라 선택하여 활용하세요.

1 난이도 ★, 초등 국어

바리데기는 자신을 버린 아버지를 살리기 위해 멀고 먼 길을 떠납니다. 다시 돌아올 수 없는 길이기도 한 저승에 약수를 구하러 떠나는 바리데기의 행동에 대해 찬성 또는 반대의 근거를 들어 토론해 봅시다.

	바리데기의 행동에 찬성	바리데기의 행동에 반대
근거		

2

난이도 ★★, 중등 도덕

바리데기는 아버지의 약수를 구하러 가는 과정을 통해 어른이 됩니다. 노동의 중요성도 알게 되고, 자식을 낳아 기르면서 부모의 마음도 알게 됩니다. 여러분은 진짜 어른이 되기 위해서는 어떤 것을 갖추어야 한다고 생각하나요? 또 부모님으로부터 독립할 수 있는 시기는 언제라고 생각하나요? 어른에 대한 정의를 규정하고 부모님으로부터의 독립하는 시기를 언제라고 생각하는지 근거를 들어 이야기해 봅시다.

3

난이도 ★★, 중등 국어

오구대왕은 일곱째 공주의 울음소리도 듣기 싫고 말소리도 듣기 싫다며 인적이 닿지 않는 곳에 내다 버리라고 명령을 내립니다. 길대부인은 남편의 명령을 거역할 수 없어서 공주를 갖다 버립니다. 길대부인이 왕을 설득하여 바리데기를 버리지 않는 방법은 없었을까요? 여러분이 길대부인이 되어 왕을 설득해 보세요. 타당한 근거를 들어 왕을 설득하는 글을 써 봅시다.

4 난이도 ★★, 중등 도덕

약수를 구해 온 바리데기는 관 뚜껑을 열고 약수를 뿌려 아버지를 살립니다. 과학이 발전한 인공지능 시대에 말이 안 되는 소리라고 할 수 있습니다. 하지만 지금 우리 시대에 죽어서 함께할 수 없는 사람이나 장소 같은 곳에 생명수가 필요하다면 어떤 곳에 생명수를 뿌려 주고 싶나요? 이유를 들어 논술해 봅시다.

5 난이도 ★★, 중등 도덕

베이비박스에 대해 알아보고, 베이비박스 운영에 대해서 찬반 토론을 해 봅시다.

베이비박스baby box는 부득이한 사정으로 아기를 키울 수 없는 산모가 작은 철제 상자 안에 아기를 두고 갈 수 있도록 만든 것으로, 유기되는 아이들의 안전을 위해 만들어졌다.

대한민국에서는 현재 서울 주사랑공동체교회의 이종락 목사가 베이비박스를 운영하고 있으며, 경기도 군포시 새가나안교회에서도 국내 두 번째 베이비박스가 운영되고 있다. 이종락 목사는 교회 앞대문에 버려진 신생아가 저체온증으로 숨질 뻔한 일을 겪고 나서 베이비박스를 설치했다고 한다. 이곳의 베이비박스는 담장을 뚫어 만든 것으로 가로 70센티미터, 높이 60센티미터, 깊이 45센티미터의 공간으로 되어 있다. 담장 벽에는 '미혼모 아기와

장애로 태어난 아기를 유기하거나 버리지 말고 여기에 넣어 주세요.'라는 안내문이 붙어 있다. 아기를 두고 가면 벨이 울리며 이 목사가 아기를 방으로 데리고 간다. 하지만 이 베이비박스는 찬반 논란에 휩싸여 있다. 길바닥이나 쓰레기통에 버려져 죽을 수 있는 어린 생명들을 살린다는 입장과 결국 아기를 죄책감 없이 버리는 행위를 더욱 조장하게 만든다는 입장이다. 일본의 일일구마모토현 지케이 병원에 '황새의 요람'이라는 이름의 베이비박스가 있다. 아시아권 나라에서는 최초로 베이비박스를 공식적으로 운영하고 있다. 이 시설은 다음과 같은 원칙을 가지고 있다.

1. 병원의 한적한 곳에 가로 45센티미터, 세로 65센티미터의 문을 만들고, 그 안에 섭씨 36도를 유지하는 보육기를 놓는다.
2. 아기가 그 안에 놓이면 알람이 울려 병원의 담당자에게 알린다.
3. 감시 카메라는 아기만 비추도록 한다.

세 아들을 신으로 키워 낸

당금애기

"엄마, 아기 엉덩이는 왜 파래?"

"삼신할머니가 엄마 뱃속에 있는 아기에게 빨리 나가라고 엉덩이를 두드려서 파랗게 멍이 든 거야"

"그러면 삼신할머니는 어디 사는 할머니야?"

어릴 적 이런 이야기를 엄마와 주고받은 경험이 있을 겁니다. 과연 삼신할머니는 어디에 살고 계신 걸까요?

꽃같이 귀하고 귀한 당금애기는 부모님의 사랑을 듬뿍 받고 살아갑니다. 금이야 옥이야 하며 귀하게 자랐지만 당금애기는 부모에게 내던져지듯 버려집니다. 아픈 아버지를 구하기 위해

험한 저승길로 떠난 바리데기처럼 당금애기도 부모에게 버림받고 아이 셋을 동굴에서 잘 키워냅니다. 과연 당금애기에겐 어떤 일들이 일어난 걸까요?

당금애기 이야기는 〈제석본풀이〉라고도 불리는 우리의 무속신화입니다. 〈제석본풀이〉는 제석신의 탄생을 풀어서 전하는 이야기인데, 여기서 '제석신'이란 당금애기의 세 아들로 인간의 수명, 자손, 운명, 농업을 관장하고 〈단군신화〉에 나오는 환인 제석을 기원으로 하는 신을 말합니다.

당금애기 이야기를 〈단군신화〉의 다른 이야기라고 추측하는 학자들도 있습니다. '단'이 성황단이나 조경단처럼 제사를 지내는 곳을 의미하기 때문이지요. 그렇다면 당금애기의 세 아들은 어떻게 신이 되었을까요?

부족한 것이 없는 서천서역국의 왕 왕부설에게 부족한 단 하나는 자식이 없는 것이었습니다. 그래서 정성을 들여 백일기도를 올립니다. 그의 지극한 정성에 하늘이 감동했는지 부인의 꿈에 옥동자가 나타나 "저는 하늘의 선관인데 죄를 많이 지어 인간 세상에 내려오게 되었으니 부디 거두어 주세요." 하며 품에 덥석 안깁니다. 그렇게 왕부설의 부인은 '석가여래'라는 아들을 얻게 됩니다.

하지만 세상사가 좋은 일이 있으면 좋지 않은 일도 있는 법인지 왕부설과 그의 부인이 갑자기 병에 걸려 세상을 떠나게 됩니다. 졸지에 부모님을 잃게 된 석가여래는 천하궁인 하늘로 돌아갑니다. 그러나 아직은 천하궁으로 돌아올 때가 아니라는 옥황상제의 뜻에 따라 석가여래는 인간 세상으로 다시 돌아오게 되지요.

석가여래는 깨달음을 얻기 위해 금불사라는 108칸의 절을 짓고 108명의 스님을 모아 열심히 수양을 합니다. 108칸의 절과 108명의 스님은 인간이 극복해야 할 불교의 백팔 번뇌와 상통하기도 합니다.

한편 남들이 보기에 세상 부러울 것 하나 없는 사람이 있었으니 바로 해동조선의 왕입니다. 해동조선의 왕에게는 아들이 아홉 명이나 있지만 고운 딸자식이 없었습니다.

딸자식을 원하던 부인이 답답한 마음에 점쟁이를 찾아가 점을 쳤더니 중 사위를 두겠다는 말을 듣습니다. 딸이 없는데 중 사위라니 가당치 않다고 생각을 하면서 딸자식이라도 하나 있었으면 하는 마음에 정성을 들여 백일기도를 합니다.

지성이면 감천이라고 했나요? 부인의 꿈에 선녀가 나타나 자신은 죄를 많이 지어 인간 세상으로 내려오게 되었으며 자신을 어여삐 여겨달라고 합니다. 마침 왕도 부인과 같은 꿈을 꾸었다며 기뻐하였습니다.

열 달 후 왕과 왕비는 하늘의 선녀 같은 귀한 딸을 얻게 됩니다. 마땅히 딸을 낳았으니 '마땅 당當'자를 넣고, 이제야 원을 풀었으니 '이제 금今'자를 넣어 '당금애기'라고 이름을 짓습니다.

석가여래와 당금애기의 출생은 천상의 신과 인간의 만남을 예견하고 있습니다. 곰이 된 인간과 하늘신의 아들 환웅과의 만남으로 태어난 단군의 이야기처럼 말입니다. 〈당금애기〉를 〈단군신화〉의 다른 이야기로 보는 것도 이런 맥락인 것 같습니다.

다른 이야기에서는 서천서역국의 부처님이 해동조선에 절을 지으러 왔다가 당금애기를 만나게 된다는 이야기도 있고, 인간세상에 관심이 많은 하늘나라의 석가여래가 땅으로 보내 달라고 옥황상제께 거듭 부탁하여 당금애기를 만나기도 합니다.

한편 당금애기 집안에 화가 닥쳤습니다. 조정의 모함을 받게 된 아버지와 오라버니들은 귀양을 가게 되고, 어머니는 아버지와 오라버니를 위해 기도하러 간다고 명산名山을 찾아 떠납니다.

이렇게 가족들과 작별을 하게 된 당금애기는 이제 여든 칸의 집에 혼자 남아 살아가야 합니다. 주변의 보호만 받고 자랐던 당금애기는 어찌 살아가야 할지를 몰라 문이란 문은 꼭꼭 걸어 잠그고 집 안에서만 지냅니다.

바리데기는 부모로부터 엄격히 분리되어 떨어진 상태에서 자신의 성장을 위해 애를 썼다면, 당금애기는 바깥세상으로부터 철저히 분리된 집에 혼자 남아 새로운 자기 인생을 시작합니다. 당금애기에게 집 안은 안전하기보다 공포와 욕망의 존재로 맞닥뜨리게 됩니다.

심리학자 마가렛 말러는 "사람은 분리를 통해 성장한다."고 하였습니다. 자신의 인생을 시작하려면 부모로부터 분리가 필요

합니다. 이 책을 읽는 여러분은 부모님에게서 언제 분리가 되었나요? 아직 분리가 되지 않았다고 생각한다면 언제부터 분리될 수 있을 거라고 생각하나요?

한편 서천서역국에서 수양을 마치고 인간 세상을 구경하러 온 석가여래는 산천이 아름다운 해동조선을 다니다가 종이 한 장이 나부끼는 것을 보게 됩니다. 그 종이에 쓰인 글귀의 슬픈 사연과 명문에 반해 글을 쓴 사람을 찾아 나섭니다. 해동조선 곳곳을 찾아다니다 낯익은 글씨를 발견하게 되었지만 굳게 닫힌 열두 개의 문을 열기가 쉽지 않았습니다. 석가여래는 빗장이 굳게 닫힌 문을 천수경*의 구절을 외워 엽니다.

열두 개의 문을 모두 연 석가여래는 당금애기에게 공양미 서되 서 홉의 시주를 요구합니다. 그리고 정성을 요구하는 석가여래는 하인들이 아니라 당금애기가 직접 시주하기를 원합니다. 당금애기는 석가여래의 바랑에 쌀을 조심스럽게 넣어 보지만 쌀은 몽땅 쏟아지고 맙니다.

이걸 어쩌지요? 몽땅 쏟아진 쌀을 한꺼번에 담으면 편하겠지만 석가여래는 당금애기에게 광대싸리로 만든 젓가락으로 쌀 한 톨 한 톨 주워 담으라고 합니다. 다른 이야기에서는 광대싸리 젓가락으로 쌀 한 톨을 담은 후 그 젓가락을 꺾어 버리고 새로운

---

* 우리나라 불교신자들이 가장 많이 읽는 관세음보살의 광대한 자비심을 찬양하는 다라니경

광대싸리 젓가락으로 담아야 한다고 합니다.

석가여래는 보통 정성이 아니면 할 수 없는 일을 당금애기에게 요구합니다. 정성을 다하면 모함을 받고 떠나신 아버지와 오라버니가 돌아올 거라는 마음에 당금애기는 쏟아진 쌀을 한 톨 한 톨 주워 담습니다.

그전에는 해 보지 못했을 이런 작은 일들을 정성스럽게 하면서 당금애기는 무슨 생각을 했을까요? 시시하고 하찮은 일이라고 다른 사람에게 이 일을 시켰다면 당금애기는 어떻게 되었을까요? 자신의 인생을 스스로 살아갈 수 없었을 것입니다. 하지만 참을성 있게 견뎌내는 당금애기는 어른이 되는 힘을 기릅니다.

쌀을 다 주워 담자 날이 저물었습니다. 석가여래는 밤이 깊어 갈 수 없다는 둥 이런저런 핑계를 대고 당금애기와 한방에서 잠을 자게 됩니다. 당금애기는 석가여래를 받아들이지 않으려고 갖은 핑계를 대다가 다른 방도를 찾지 못해 한방에서 병풍을 치고 잡니다.

다른 이야기에서는 잘생긴 석가여래에게 호기심이 생긴 당금애기가 찢어진 바랑을 직접 기워 주기도 합니다. 당금애기의 이런 고운 마음에 감동한 석가여래가 당금애기의 손에 쌀 세 톨을 쥐여 주며 이것을 먹으면 집안에 경사가 있을 것이라고 합니다. 당금애기는 거리낌없이 쌀 세 톨을 삼킵니다.

또 다른 이야기에서는 한방에서 병풍을 치고 자다가 당금애기의 자는 모습에 반해 석가여래가 병풍을 걷고 당금애기 옆으로 가서 잠을 잡니다.

병풍을 사이에 두고 잠이 든 당금애기는 깜짝 놀랍니다. 자신이 덮고 자던 이불은 온데간데없고 석가여래의 장삼을 덮고 자는 것이었습니다. 그리고 병풍 옆에서 자고 있는 석가여래가 자신의 이불을 덮고 자는 것이었습니다.

석가여래와 병풍을 사이에 두고 잠이 든 당금애기는 이상한 꿈을 꾸게 됩니다. 하늘의 선녀에게서 구슬 세 개를 받고 기뻐서 옷고름에도 넣어 보고 허리춤에도 꽂아 보고 입안에도 넣어 봅니다. 이 구슬 셋(다른 이야기에서는 쌀 세 톨)은 세쌍둥이를 얻을 꿈이라는 석가여래의 말에 당금애기는 불안해합니다.

속을 태우며 하루하루를 보내던 와중 아버지와 오라버니들이 모함을 풀고 다시 집으로 돌아왔습니다. 반가운 마음도 잠시, 누워 있는 당금애기를 보고 아버지는 상심을 합니다. 까닭 없이 누워 있는 딸의 모습이 안타까워 점쟁이를 찾아가 보는데 점쟁이는 아버지에게 힘들게 말을 꺼냅니다.

"작년 4월 15일 어떤 중 하나가 찾아와 자고 간 일밖에는 없습니다."

배가 불러오는 딸을 보고 절망과 분노에 싸인 아버지는 당금애기를 토굴로 쫓아냅니다. 화가 난 오빠들은 칼을 꺼내 당금애기를 찌르려고 합니다. 하지만 그 순간 칼자루가 부러지고, 당금애기를 버리고 돌아오는 길에는 흙비와 돌비가 내려 오라버니들의 발이 바닥에 붙어 오도 가도 못하는 신세가 되기도 합니다.

당금애기는 토굴에서 세쌍둥이를 낳았습니다. 그리고 아이 셋을 혼자 힘으로 키워냅니다. 당금애기는 살기 위해서 죽을힘을 다합니다. 토굴에서 홀로 아이들을 키우는 과정을 통해 그녀는 진정한 어머니로 거듭납니다. 당금애기는 홀로 시간을 보내면서 자신의 삶보다는 다른 사람의 삶을 위해서 살아가는 진정한 영웅의 모습을 보여 주었지요.

아이들은 여섯 살이 되던 해에 아버지를 찾습니다. 성은 무엇이며, 아버지는 누구인지 어머니에게 묻습니다. 그리고 아버지를 찾아 길을 떠납니다.

석가여래는 처음 만난 아들들을 시험합니다. 뒷산에 죽은 지 3년 된 소의 뼈로 살아 있는 소를 만들어라, 종이 버선을 신고 앞 냇물 위를 걸어갔다 와라. 짚으로 닭을 만들어 살아 움직이도록 해라, 낚시로 물고기를 잡아 회를 쳐서 먹고 다시 산 채로 토해 내라, 세 명의 아들들 손가락 피와 자신의 피를 섞어 보자는 등 여러 시험을 치른 후 아들임을 확인합니다.

아버지를 만나 이름을 얻게 된 세쌍둥이는 형불, 재불, 삼불의 이름을 얻어 부처가 됩니다. 아이들의 이름은 여중군자*인 당금애기가 짓습니다. 오랜만에 만난 석가여래가 아이들의 이름을 지어 주면 좋으련만 아이들을 키우느라 고생한 당금애기가 세쌍둥이의 이름도 지어 줍니다.

---

* 숙덕淑德이 높은 여자

조선에서는 형불, 재불, 삼불을 위하면 운수가 트인다고 하여 백성 사이에 불경을 읽고 불도를 닦는 일이 이때부터 널리 퍼졌습니다.

우리는 보통 영웅이라 하면 어떤 사람이 떠오르나요?

슈퍼맨, 배트맨, 스파이더맨, 아이언맨, 인크레더블, 이순신 장군 등이 떠오릅니다. 재능이 뛰어나거나 용맹하여 보통 사람이 하기 어려운 일을 해내는 사람을 영웅이라고 합니다. 영웅은 전부 남성의 전유물처럼 인식되었습니다.

그렇다면 여성의 영웅적 행동은 어디에서 찾아야 할까요? 농경 사회에서는 아이를 낳고 키우는 것을 영웅의 행적과 동일시할 수 있습니다.

도산 안창호 선생의 부인인 이혜련 여사는 독립운동을 하는 남편 대신 가정부 일을 하면서 3남 2녀를 키웠다고 합니다. 아이들이 아버지를 찾으면 "부친은 너희 아버지가 아니라 이 나라의 아버지"라고 아이들에게 말했다고 합니다. 이혜련 여사는 독립을 위해 자신의 삶을 버리고 자식을 위해 희생하는 모습으로 여성의 영웅적 모습을 보여 주었습니다.

당금애기 또한 여성의 몸으로 힘든 상황을 견뎌내며 아이들을 키웠고, 이 아이들을 신으로 만들었습니다.

사람들은 무언가를 할 때 '삼세번'이라는 말을 많이 합니다. '서당 개 3년이면 풍월을 읊는다.', '세 살 버릇 여든 간다.' 라는 속담뿐만 아니라 옛이야기에서도 세 가지 소인, 세 가지 보물,

세 번의 시험 등 우리나라 사람들은 숫자 3을 좋아합니다. 세 명의 재석신은 과거-현재-미래, 탄생-삶-죽음을 관장하는 부처님이 됩니다.

한편 청주와 강계에서 전해지는 이야기에서는 당금애기와 세쌍둥이는 아무도 신이 되지 않습니다. 영덕과 영월에서는 당금애기만 신이 되고, 삼신할머니의 또 다른 이름인 '사마씨'나 '세준할머니'로 불리며 아이들을 돌봐 주고 점지해 줍니다. 화성과 양평에서는 세쌍둥이만 신이 되고, 당금애기는 하늘로 승천합니다. 평양에서는 세쌍둥이와 당금애기가 모두 신이 됩니다.

이처럼 당금애기 이야기는 신이 되는 대상만 다를 뿐 우리나라 전역에서 전해져 내려옵니다.

아이 셋을 잘 키운 당금애기는 그 공을 인정받아 탄생의 신이 되어 아이가 필요한 집에 아이를 점지하고 돌보는 일을 맡아하게 되었습니다. 자신의 인생보다는 훌륭한 어머니의 모습으로 거듭나 세 아이를 창조적인 신의 모습으로 만든 당금애기는 이 시대의 진정한 어머니이며 영웅의 모습입니다.

우리 신화와 함께하는 토론·논술 활동

다음은 초·중·고등 교과와 연계하여 논술 및 토론 활동에 활용하면 좋을 자료입니다. 문제의 난이도와 교과에 따라 선택하여 활용하세요.

1 **난이도** ★, 초등 국어

당금애기와 석가여래, 세쌍둥이의 태몽을 비교해 보고 우리가 알고 있는 동화 속 인물(심청, 춘향, 홍길동, 건국 신화의 주인공 등)은 왜 태몽을 가지고 있는지 논술해 봅시다.

1. 이야기 속 주인공들의 태몽 비교

주인공	태몽
석가여래	
당금애기	
세쌍둥이	

2. 동화 속 주인공이 태몽을 가지고 있는 이유

2 난이도 ★, 초등 국어

만약 내가 옥황상제라면 당금애기를 왜 신으로 만들었는지 이유를 들어 논술해 봅시다.

3 난이도 ★★, 중등 도덕

당금애기가 아이를 가진 사실을 알게 된 아버지는 몹시 화를 내며 딸을 쫓아냅니다. 아버지는 왜 임신한 딸을 쫓아내려 했을까요? 딸의 말은 들어보지도 않고 여성의 정조를 지키는 것이 더 중요하다고 생각해서일까요? 아버지의 행동에 대해 이야기해 봅시다.

4 난이도 ★★, 중등 도덕

잘 자란 세쌍둥이는 아버지에 대해 묻기 시작하더니 아버지를 찾아 떠납니다. 지금까지 어머니가 잘 키워 주셨는데 세쌍둥이는 왜 아버지를 찾아 나서야 했을까요? 세 쌍둥이의 행동에 대해 함께 이야기해 봅시다.

5　　난이도 ★★, 중등 도덕

당금애기는 주변의 도움 없이 세 아이를 키워 냅니다. 많은 어려움을 견뎌 낸 당금애기처럼 우리 주위에도 한부모 가정이 많이 있습니다. 한부모 가정이 겪는 어려움을 알아보고 그들이 잘 적응하고 살아가기 위해 도와줄 수 있는 방법을 이야기해 봅시다.

6　　난이도 ★★, 중등 국어

당금애기가 쓴 글을 보고 감탄한 석가여래는 당금애기를 찾아가서 굳게 닫힌 문을 열기 위해 도술을 사용합니다. 도술을 사용하지 않고 석가여래가 글을 써서 당금애기에게 문을 열어 달라고 한다면 그는 어떤 글을 썼을까요? 당금애기에게 문을 열어 달라고 부탁하는 글을 써 봅시다.

인간과 신의 대결

삼승할망 저승할망

동굴에서 세쌍둥이를 낳아 잘 키운 후 삼신이 된 당금애기가 내륙 지방의 이야기라면 제주 섬 지방에는 명진국 따님을 주인공으로 하는 삼신할머니 이야기가 있습니다.

당금애기는 자신이 아이를 낳아 키워 보았기 때문에 아이를 점지하고 보호하는 신이 될 수 있었지만, 〈삼승할망본풀이〉에 나오는 삼신할망은 결혼도 하지 않고 아이도 낳아 본 적이 없는데 아이를 돌보는 신이 됩니다.

〈삼승할망본풀이〉에는 두 명의 여인이 나오는데, 한 명은 동해 용왕의 따님이고 다른 한 명은 인긴 세상에서 살고 있는 명신국 따님입니다. 이 둘은 삼승할망과 저승할망이 되는데 누가 삼승할망이 될까요? 신과 인간의 대결이라고 할 수 있는 이 대결에서 승자는 과연 어떤 방법으로 이겼을까요?

삼승할망과 저승할망 이야기에서는 선과 악이 공존할 수밖에 없는 인간사에서 우리가 어떻게 살아가야 하는지를 보여 줍니다. 또한 상대에게 맞서기보다는 함께하는 것이 중요하다고 이야기해 주고 있습니다. 함께한다는 것이 왜 중요한지, 함께하기 위해서는 어떻게 행동해야 하는지 이야기를 통해 알아봅시다.

서해 용왕의 따님은 동해 용왕과 혼인을 했는데 아기가 생기지 않아 근심이 컸습니다. 아기를 갖게 해 달고 백일 동안 정성을 들였더니 하늘과 땅이 그녀의 정성을 받아들여 아이가 생겼습니다.

어렵게 낳은 딸이 얼마나 예쁘고 소중했을까요? 하지만 이 소중한 딸은 버릇이 너무 없었습니다. 아버지의 수염을 잡아당겨 뽑기도 하고 담뱃대를 꺾어 버리기도 합니다. 또 어머니의 젖가슴을 잡아 뜯기도 했지요. 아홉 살이 될 때까지 딸의 잘못은 한 해 한 해 나이 먹듯이 늘어만 갑니다.

동해 용왕은 이 일을 그냥 넘겨서는 안 되겠다고 생각해서 하나밖에 없는 딸을 죽이라고 명령을 내립니다. 보다 못한 어머니는 남편인 용왕을 말리고 말려서 무쇠로 만든 함에 딸을 넣어 인간 세상으로 나가 잘못을 깨닫게 하자고 합니다.

다른 이야기에서는 용왕을 모시는 대신들과 백성들이 자식을 버릇없이 기른 동해 용왕에 대해 불만을 이야기하면서 자식을 잘못 키운 용왕도 갈아치워야 한다는 말을 합니다. 이에 자신의 자리까지 잃을까 봐 두려운 동해 용왕은 어려운 결정을 내립니다.

동해 용왕은 자식의 잘못에 단호함을 보입니다. 수염을 뽑고 담뱃대를 꺾었다고 죽이라고 하다니요. 너무 매정하다는 생각이 들기도 합니다.

그런데 자식의 잘못에 대해 단호함을 보인 왕이 또 있습니다. 조선의 21대 임금인 영조입니다. 그는 "이것은 나랏일이 아니고 집안일이다."라며 자신의 아들이 왕의 아들답지 못하다는 이유로 사도세자를 뒤주에 넣어 숨을 거두게 합니다. 사도세자에게는 옆에서 말리는 어머니도 없었습니다. 오히려 어머니가 나서서 아들의 잘못을 이야기합니다. 아들보다는 임금을 지켜야 조선의 왕조가 지켜질 수 있다고 생각했던 것입니다. 이 생각은 영조도 같았습니다.

왕조를 지키기 위해서 또는 자식을 올바로 키우기 위해서 우리 조상들은 자녀 교육을 엄격하고 단호하게 시켰습니다.

아버지의 뜻에 따라 인간 세상으로 떠나야 하는 용왕의 따님은 인간 세상에서 어떻게 살아야 하는지를 어머니께 묻습니다. 어머니는 인간 세상에 대해 이야기를 해 줍니다.

인간 세상에서는 열 살도 안 된 아이가 아기를 갖고, 예순 넘은 할머니가 아기를 낳기도 하며, 석 달 만에 아이를 낳기도 하고, 누구는 열 달이 넘어도 아이를 낳지 못해 혼란스러우니 그 일을 하라고 알려 줍니다.

하지만 마지막 질문의 답을 들어야 하는 순간 아버지의 불같은 호령에 어머니의 답을 들을 겨를도 없이 무쇠로 만든 함에 갇혀 버립니다. 용왕의 따님은 열 달을 채운 아기를 어디로 낳아야 하는지 물어만 보고 답을 듣지 못합니다.

48개의 자물쇠로 잠긴 채 물 아래로 3년, 물 가운데로 3년, 물 위로 3년을 떠다닙니다. '임박사임보루주가 문을 열어라.'라고 쓰인 무쇠 함은 임박사임보루주의 눈에 띄고 나서야 열립니다. 무쇠 함에서 용왕의 따님을 해방시켜 준 임박사임보루주는 아직까지 아이가 없었습니다. 그런 그에게 용왕의 따님은 아이를 점지해 줍니다.

그런데 문제는 이제부터입니다. 아이를 어디로 나오게 해야 하는지 듣지 못한 용왕의 따님은 어머니가 주신 은가위로 어미의 겨드랑이를 잘라 보지만 아이는 어머니의 뱃속에서 나오지를 않네요. 용왕의 따님은 아이를 꺼내는 방법을 몰라 그저 울기만 합니다.

아이의 아버지인 임박사임보루주는 어미의 뱃속에서 아이가 나오지 못하니 안타깝고 불안합니다. 그래서 옥황상제께 금으로 만든 바라를 두드리며 하소연합니다.

옥황상제는 조용하던 인간 세상에서 시끄러운 소리가 들려오니 사연을 알아보라 명을 내립니다. 사연을 들은 옥황상제는 이

이를 점지하고 순산하도록 도와줄 삼승할망이 될 만한 자를 인간 세상에서 찾아오라고 명을 내립니다.

사람들이 오래 살기로 이름난 명진국에는 배고픈 사람에게 밥을 챙겨 주고 헐벗은 사람에게는 옷을 벗어 도와주는 마음씨 고운 아가씨가 있었습니다. 무엇 하나 부족함이 없어 보이고 똑똑한 명진국 따님을 옥황상제는 하늘로 부릅니다.

옥황상제에게 불려간 명진국의 따님은 머리 땋은 처녀인 자신을 왜 불렀는지 이유를 묻습니다. 당당하고 바른 그녀의 모습에 옥황상제는 삼승할망이 되는 방법을 알려줍니다. 그리고 8

왕의 따님이 어머니께 듣지 못했던 아이를 나오게 하는 방법을 듣게 됩니다.

아기 어머니의 뼈를 부드럽게 하여 어머니 다리 사이 문으로 나오게 하면 되고 머리가 먼저 나와야 하는데 다리가 먼저 나오게 되면 돌려서 낳아야 한다는 이야기도 듣습니다.

다른 이야기에서는 마음 따뜻한 명진국의 따님이 떡을 만들어 달라는 두루미의 부탁을 들어줍니다. 떡을 먹은 두루미는 혼자 노는 것이 심심해서 동생을 바라는 명진국의 따님에게 동생들을 줄줄이 보내 줍니다. 두루미 덕분에 동생들이 줄줄이 생긴 명진국의 따님은 어머니의 배가 불러오면 집안일을 도맡아 하고, 아기를 받는 일도 합니다.

원래는 아기를 정해 주는 삼신이 따로 있어야 하는데 일이 너무 바쁜 옥황상제가 삼신을 정하지 못하여 아기를 보내 주는 일을 자주 잊어버립니다. 그래서 집집마다 아기가 귀하게 되었습니다. 옥황상제는 이 문제를 해결하기 위해 삼신을 찾게 되었는데 명진국 따님의 이야기를 듣고 삼신이 될 자격이 있다고 생각하여 그녀에게 삼승할망의 자격을 줍니다.

그런데 젊은 아가씨를 왜 할망이라고 부를까요? '할머니'라는 말은 여자 신을 친근하게 부르는 말이며 존경받을 만한 큰일을 했을 때는 더 높여서 '할마님'이라고 부른답니다.

명진국 따님은 임박사임보루주의 집으로 가서 아이를 무사히 받아냅니다. 아이가 죽은 줄 알았던 용왕의 따님은 아이가 무사하다는 사실을 알게 되지요. 그리고 명진국 따님의 존재를 알게 됩니다.

아이가 무사히 나와 다행이라는 생각보다 자존심이 상한 용왕의 따님은 "대체 너 같은 존재가 어떻게 아이를 낳게 했냐?"며 화를 내고, 명진국 따님의 머리채를 잡아 쥐고 성질을 부립니다. '잘못된 세 살 버릇 여든까지 간다'고 하더니 용왕의 따님은 명진국 따님을 후려치고, 두들겨 패고, 할퀴고, 꼬집어 온몸을 상처투성이로 만듭니다. 간신히 정신을 차린 명진국 따님은 용왕의 따님에게 옥황상제에게 가서 이야기를 해 보자며 겨우 상황을 모면합니다.

앞뒤 상황 가리지 않고 자기 마음대로 행동을 하는 용왕의 따님을 보니 용왕이 왜 하나밖에 없는 딸을 쫓아냈는지 알 것 같습니다.

둘의 이야기를 들은 옥황상제는 그녀들에게 과제를 줍니다. 서천서역국의 고운 모래밭에 꽃씨를 심어 꽃이 피는 걸 보고 삼승할망을 정하겠다고요.

모래밭에 꽃을 피우라니요? 바삭바삭한 모래에 구운 밤을 심어 싹이 나면 임과 헤어지겠다고 한 〈정석가〉*의 한 구절이 생

* 6연으로 이루어진 고려속요이다. 불가능한 것을 가능하다고 설정해 놓고 영원한 사랑을 노래하고 있다. 이 노래는 기원과 축원을 역설에 담고 있으며, 유별나게 논리적이고 지적인 작품이다. 제2연은 '구운 밤', 제3연은 '옥련꽃', 제4연은 '무쇠 옷', 제5연은 '무쇠 소'라는 소재를 등장시켜 임과는 영원히 헤어질 수 없다고 노래하고 있다.

각납니다. 물기가 하나도 없는 바삭바삭한 모래에서 싹이 날까요? 불가능한 상황이 가능해진다면 헤어지겠다고 하는 〈정석가〉의 지은이의 속내는 사랑하는 임과 절대 헤어질 수 없다는 것이지요.

하지만 정성과 성심을 다하면 불가능도 가능하게 되나 봅니다. 명진국 따님의 꽃밭에는 꽃이 무성하게 자라납니다.

또 다른 과제는 그릇에 가득 담긴 물을 따라 버린 후 다시 그릇에 담는 것이었습니다. 쏟아진 물을 어찌 다시 담을까요? 그러나 어려서부터 집안일을 하면서 물을 소중히 다뤄 본 명진국 따님은 조심조심 물을 쏟아 버리고 다시 물을 담습니다. 하지만 물을 길어 본 적조차 없는 용왕의 따님은 물을 아무렇게나 확 쏟아 버립니다. 이렇게 쏟아진 물은 바로 바닥에 스며들어 다시 담을 수 없게 됩니다.

인간과 신의 대결은 그리스 로마 신화에도 등장합니다. 아라크네는 베 짜기와 자수를 잘하기로 명성이 자자합니다. 그녀는 자신의 솜씨가 여신 아테나보다 뛰어나다고 자랑합니다. 그리고 여신 아테나에게 도전장을 내밉니다.

아테나는 인간인 아라크네의 기고만장한 태도에 화가 나서 경고를 합니다. 아테나는 할머니로 변장하여 아라크네에게 다가가 신을 모독하면 큰 벌을 받을 것이니 용서를 구하는 것이 좋을 거라고 충고합니다. 하지만 아라크네는 아테네의 경고를 무시하고 자신이 최고라고 더 큰 목소리로 외칩니다.

화가 난 아테나는 아라크네와 베 짜기 시합을 벌입니다. 아테나는 아라크네의 베 짜는 솜씨에 놀랍니다. 하지만 신들을 웃음거리로 만드는 아라크네의 자수를 보고 원단을 찢어버립니다. 신을 모욕했기 때문이죠. 아테나의 이런 행동은 패배를 인정한 것이나 다름없지만 아테나는 아라크네가 이겼다는 것을 인정하지 못하게 실을 잣는 북으로 그녀의 이마를 때리며 치욕을 느끼게 합니다. 아라크네는 치욕을 이기지 못하고 목을 매 자살을 하고 아테나는 그런 아라크네를 불쌍히 여겨 영원히 실을 잣는 거미로 만듭니다.

인간을 이기지 못한 그리스 로마의 신들은 자신의 힘을 이용하여 인간에게 복수를 합니다. 신이기 때문에 인간에게 마음대로 합니다.

하지만 우리 신들은 공평합니다. 옥황상제는 꽃을 활짝 피운 명진국 따님에게는 이승의 삼승할망이 되라고 하고, 용왕의 따님에게는 열다섯 살 전에 죽은 아이를 저승에 자리 잡도록 도와주는 저승의 삼승할망이 되라고 합니다.

저승으로 가게 된 용왕의 따님은 악이 바칠 대로 바쳐서 이제부터 태어나는 아이가 백일이 되면 저승으로 데려가겠다고 경고를 합니다. 이에 명진국 따님은 화가 난 용왕 따님을 달래주고 위로합니다. 명진국 따님의 배려와 따뜻한 마음으로 용왕의 따님은 남을 미워하고 악을 품었던 마음을 풀게 됩니다.

향기 나는 나무는 찍는 도끼에도 향을 묻힌다고 합니다. 아은

품었던 용왕 따님의 마음을 명진국 따님의 따뜻한 마음으로 감싸 안으니 해결이 되었네요.

우리 신들은 그리스 로마 신화의 아테나처럼 복수를 하는 것이 아니라 화해의 손을 내밉니다. 그리고 인간 세상을 위해 좋은 일을 함께하자고 제안합니다. 우리 신들은 악을 악으로 대하는 것이 아니라 상대의 공을 칭찬하고 이해하여 상대의 마음을 움직이게 합니다.

우리는 종종 마음이 맞지 않는다고 상대를 욕하기도 하고 비방하기도 합니다. 또는 자신의 이익을 위해서 상대방을 어떻게 이용할까 생각합니다. 다른 사람에게 손해를 입히면 부메랑처럼 결국 자신에게 돌아온다는 것을 알아야 합니다.

지혜로운 삶이란 자신만을 드러내는 것이 아니라 여러 사람과 함께할 수 있는 열린 마음이겠지요.

우리 신화와 함께하는 토론·논술 활동

다음은 초·중·고등 교과와 연계하여 논술 및 토론 활동에 활용하면 좋을 자료입니다. 문제의 난이도와 교과에 따라 선택하여 활용하세요.

1 난이도 ★, 초등 국어

옥황상제가 아이를 키우고 보살피는 삼신의 임무를 왜 결혼을 하지 않은 명진국 아기씨에게 맡겼는지 생각해 보고 삼신의 자격에 대해서 이야기해 봅시다.

옥황상제가 명진국 아기씨에게 삼신의 임무를 맡긴 이유	
내가 생각하는 삼신의 자격	

2 난이도 ★, 초등 국어

명진국 아기씨와 동해 용왕의 딸이 느끼는 감정을 표현하기에 적합하다고 생각하는 단어를 〈보기〉에서 골라 보고 선택한 이유를 이야기해 봅시다.

〈보기〉
미움, 우월감, 시기심, 열등감, 부러움, 사랑, 우정, 미안함, 질투심, 경쟁심, 승부욕, 성취욕

1. 명진국 아기씨가 (   )을 느꼈을 것이라고 생각해.
   왜냐하면 (   )
2. 나는 동해 용왕의 딸이 (   )을 느꼈을 것이라고 생각해.
   왜냐하면 (   )

3 난이도 ★★, 중등 도덕

명진국 아기씨에게 질투나 경쟁심을 느낀 동해 용왕 딸의 행동은 잘못된 것일까요? 경쟁competition의 라틴어 어원은 'com(함께) petere(추구하다)'라는 의미가 있습니다. 동해 용왕 딸의 경쟁심이나 질투가 잘못된 일이라면 왜 그렇게 생각하는지 또는 잘못된 일이 아니라면 왜 그런지 이유를 들어 논술해 봅시다.

4 난이도 ★★, 중등 도덕

동해 용왕의 딸은 부모님에게 버릇없이 행동을 하다 쫓겨나고 명진국 아기씨가 자신을 대신해서 아이를 낳게 하자 화가 나서 마구 때리고 머리채를 잡고 성질을 부립니다. 요즘 지하철에서 노인에게 막말과 삿대질을 하는 젊은이의 모습을 뉴스나 인터넷에서 본 적 있을 겁니다. 공공장소에서의 이런 행동은 개인의 문제만은 아닌 것 같습니다. 왜 이런 일이 일어나는지 이야기해 보고, 나에게 이런 일이 생긴다면 어떻게 행동해야 할지(방관자, 적극적 참여, 제3자에게 도움을 청함) 이야기해 봅시다.

5 난이도 ★★★, 고등 사회문화

자신의 감정을 조절하지 못해 쫓겨난 동해 용왕의 딸은 옥황상제가 내준 과제에 졌다고 명진국 아기씨에게 화를 냅니다. 다음 글을 읽고 화에 대한 자신의 생각을 근거를 들어 논술해 봅시다.

> 화는 짧은 광기이다. — 호라티우스
>
> 화는 필요하다, 화를 내지 않으면 이길 수 없기 때문이다.
>
> — 아리스토텔레스

나의 운명은 나의 것

가믄장아기

어느 날 갑자기 '너는 내 운명'이라고 말해 주는 사람을 만날 때 우리는 그 순간부터 행복해지기 시작합니다. 벗어날 수 없는 사랑에 푹 빠져 영원히 황홀한 삶을 살 것 같기 때문이지요.

하지만 이 '운명'이라는 단어가 '운명 극복', '운명의 굴레' 등과 같은 단어와 만나면 왠지 처절한 단어가 되고 맙니다. 인간은 거부할 수 없는 절대적인 힘에 의해 지배당할 수밖에 없는 존재라는 것을 인정하는 의미가 되어 버리니까요.

그렇다면 운명이란 인간에게 어떤 의미일까요? 옛사람들도 이런 의문을 가지고 있었나 봅니다.

제주도의 무속 신화 본풀이 가운데 하나인 〈삼공본풀이〉는 이 운명신에 관한 이야기입니다. 이야기를 가만히 듣고 있으면 '운명신'이라는 존재는 운명을 정해 주는 신이 아니라 운명을 극복하도록 도와주는 신이 아닐까라는 생각이 듭니다.

주어진 운명은 있을 수 있지만 운명에 순응하느냐 운명을 극복하느냐는 각자의 선택에 달린 것이겠지요.

운명신이 된 가믄장아기, 우리 신화 속 또 한 명의 여전사 같은 신을 소개합니다.

독특한 이름을 가진 가믄장아기. '감다'라는 말은 '석탄의 빛깔과 같이 질다'라는 의미가 있습니다. 태어나면서부터 가난하여 검은 나무그릇에 밥을 얻어먹고 살아야 했던, 그래서 '가믄장아기'라고 이름 지었던 한 아이의 어둡고 슬픈 삶이 느껴집니다. 하지만 가믄장아기의 삶은 태어났을 때처럼 슬프고 처량하게 끝나지 않습니다. 통쾌하고 시원한 역전의 삶을 보여줍니다.

옛날 옛적에 강이영성과 홍운소천이 윗마을과 아랫마을에 살고 있었답니다. 그런데 이 둘은 가난하기 그지없는 거지로 살았다네요. 하루는 강이영성이 아랫마을로 얻어먹으러 나서고 홍운소천이 윗마을로 얻어먹으러 나서는데 길에서 딱 마주쳤답니다. 두 사람은 옷깃만 스쳐도 인연이라 생각하며 인사를 하고 가깝게 지내기 시작했지요. 그러다 언약을 맺고 부부로 살게 되었답니다.

강이영성과 홍운소천은 살림을 합쳤지만 가난에서 벗어날 수 없어 동냥을 하며 살아갈 수밖에 없었는데요. 그 와중에 첫아이가 태어나자 동네 사람들은 아이가 불쌍하다며 은그릇에 먹을 것을 담아 주었답니다. 그래서 첫딸은 '은장아기'라 이름 지었지요. 둘째로 태어난 아기도 딸아이였는데 이번에도 동네 사람들이 모여 도움을 주었습니다. 놋그릇에 음식을 담아 주어 '놋장아기'라는 이름을 갖게 되었습니다. 셋째 아기가 태어났을 때도 동네 사람들이 도움을 주었는데, 이번에는 검은 나무그릇에 음식을 담아 주어 이름이 '가믄장아기'가 되었답니다.

참 마음이 따뜻해지는 이야기입니다. 그리 넉넉지 않은 서민살이를 하면서도 가난한 젊은 부부의 아이를 위해 십시일반* 도움을 마다하지 않는 동네 사람들의 모습이 아름답습니다.

막내딸이 태어난 뒤로 강이영성과 홍운소천의 집은 점점 재산이 불어나 부자가 됩니다. 논밭도 생기고 소와 말이 늘어났으며 커다란 집을 짓고 사는 큰 부자가 되었지요. 강이영성과 홍운소천은 열심히 산 보람이 있다고 생각했을 것입니다.

가믄장아기가 열다섯 살이 되었을 때 강이영성과 홍운소천이 딸아이들을 불러 놓고 문답놀이를 했답니다.

"은장아기야, 은장아기야, 너는 누구 덕에 밥을 먹고 옷을 입고 잘사느냐?"

---

* 열 사람이 한 술씩 보태면 한 사람 먹을 분량이 된다는 뜻으로, 여러 사람이 힘을 합하면 한 사람 돕기는 쉽다는 말

"하늘님 덕이고 지하님 덕이지만, 아버님 덕이고, 어머님 덕이지요."

"놋장아기야, 놋장아기야, 너는 누구 덕에 밥을 먹고 옷을 입고 잘사느냐?"

"하늘님 덕이고 지하님 덕이지만, 아버님 덕이고, 어머님 덕이지요."

강이영성과 홍운소천은 만족하며 두 딸아이를 칭찬하고 방으로 들어가라 합니다. 그리고 막내딸 가믄장아기에게도 묻습니다.

"가믄장아기야, 가믄장아기야, 너는 누구 덕에 밥을 먹고 옷을 입고 잘사느냐?"

"하늘님 덕이고 지하님도 덕입니다. 아버님도 덕이고 어머님도 덕이지만, 내 배꼽 아래 선그뭇 덕으로 잘살지요."

가믄장아기의 대답에 강이영성은 화가 나서 호통을 칩니다.

"이런 불효막심한 아이가 있는가. 얼마나 잘사는지 두고 보자. 너는 어서 빨리 집을 나가 혼자 살아 보거라."

가믄장아기의 대답이 아버지 강이영성 입장에서는 아주 발칙한 대답이었나 봅니다.

제주도에는 "내 배또롱 아래 선그뭇 덕으로 잘산다."라는 말이 있는데 이는 자기 복에 잘산다는 말입니다. '배또롱'은 '배꼽'이고, '선그뭇'은 '배꼽에서 음부까지 내리그어진 선'을 말한답니다. 여자는 선그뭇이 길을수록 복이 많고 잘산다는 민간 신앙이 있었지요. 가믄장아기는 이렇게 당당하게 대답을 하고 집에서 쫓겨납니다.

언뜻 이 대목을 보면 부모님의 모습이 매정하기도 하고 가믄장아기의 모습이 철없어 보이기도 합니다. 하지만 옛이야기 속 집을 떠나는 장면은 늘 '성인식'의 의미와 통합니다.

누구나 성장하면 집을 떠나 한 사람의 어른으로 자신의 삶을 책임져야 하는 순간이 오지요. 특별히 신이 된 아이, 가믄장아기의 이야기니 성장통을 통해 자신을 세워 가는 것은 당연하다고 생각됩니다.

오히려 아버지 어머니의 마음을 거스르려 하지 않고 그 은혜를 입고 머물러 있으려는 두 언니의 모습이 어리석어 보입니다. 이들의 모습에서 부모님께 기대어 살아가려는 신인류 '캥거루족'* 의 모습이 보이기도 합니다.

"아버님, 어머님 잘사십시오."

가믄장아기는 부모님께 하직 인사를 드리고 검은 암소에 짐을 싣고 정처 없이 길을 나섭니다. 막내딸의 하직 인사를 들은 어머니는 서운한 마음에 큰딸 은장아기를 불러 식은밥에 물이라도 먹고 가라고 가믄장아기에게 전하라 하지요. 하지만 욕심에 찬 은장아기는 노둣돌 위에 올라서서 떠나는 가믄장아기에

---

* 나이가 들어도 부모님 곁을 떠나지 않고 부모님의 경제력에 의지해서 살아가는 사람을 뜻하는 신조어로, 캥거루가 어미의 배주머니 속에서 자라는 것을 빗대어 표현한 말.

게 말합니다.

"아우야. 빨리 가 버려라. 아버지 어머니가 너를 때리러 오신다."

가믄장아기는 그 말을 듣고 은장아기에게 말합니다.

"큰형님은 노둣돌 아래에서 청지네로나 사십시오."

가믄장아기의 저주는 곧장 실현되어 은장아기는 청지네가 되어 버립니다.

아무리 기다려도 큰딸이 돌아오지 않자 어머니는 다시 놋장아기에게 가믄장아기를 데려오라 합니다. 하지만 놋장아기도 가믄장아기에게 똑같은 거짓말을 하지요. 가믄장아기는 놋장아기에게 거름무더기 아래 사는 말똥버섯으로나 살라고 합니다. 그리고 정말 그렇게 됩니다.

언니들의 행동은 얼핏 이해가 되지 않습니다. 사랑하는 동생이 집에서 쫓겨나는데 얼른 보내버리려고 하다니요. 부모님의 사랑을 독차지하려는 욕심 많은 마음이 아니었을까 싶습니다. 옛이야기 속에는 욕심쟁이가 많이 등장합니다. 이를 통해 욕심은 잘못된 마음이라는 걸 알려 주려는 것이겠지요.

둘째 딸도 소식이 없자 강이영성과 홍운소천은 무슨 일인가 싶어 문밖으로 뛰어나가다가 문지방에 눈이 찔려 그만 눈이 멀고 맙니다. 결국 아무것도 할 수 없게 된 강이영성과 홍운소천 부부는 눈까지 먼 거지 신세가 됩니다.

그런데 가믄장아기가 떠나는 순간에 부모님까지 장님이 되어 버리다니 좀 심하다는 생각도 듭니다. 하지만 잘못된 일을 했을 때는 가차 없이 벌을 받고, 착한 일을 했을 때는 넘치는 복을 받는 우리 옛이야기의 구조를 생각해 보면 당연한 결과입니다. 게다가 주인공이 힘을 가진 신적인 존재라면 더더욱 그렇지요. 두 언니가 저주를 받고 부모님이 장님이 되는 장면은 가믄장아기의 신으로서의 능력이 드러나는 대목입니다.

가믄장아기는 집을 떠나 이 산 저 산을 넘어 머물 곳을 찾습니다. 그러다가 어느 산중에서 마 캐는 마퉁이 삼 형제를 만납니다. 큰형 마퉁이에게 머무를 곳을 물어보니 들은 척도 아니하고, 둘째 마퉁이한테 물어도 못 들은 척합니다. 막내 마퉁이에게 물으니 깊은 산 초막에 사는 백발 할머니에게 가 보라고 친

절히 알려줍니다.

가믄장아기는 그 집을 찾아가 하룻밤 묵어가게 해 달라고 부탁합니다. 하지만 할머니는 방이 없다고 하지요.

"좁은 방에 마퉁이 삼 형제가 살고 있으니 방을 빌려 줄 수 없구려."

"방이 없으면 부엌 한구석이라도 좋으니 하룻밤만 묵게 해 주십시오."

할머니는 가믄장아기의 간곡한 부탁에 그리하라고 허락합니다. 가믄장아기가 부엌 한구석에 들어앉아 있자니 우르릉탕 우르릉탕 소리가 납니다. 첫째 마퉁이가 들어오는 소리였습니다.

"마를 캐서 배부르게 먹였더니 노인네가 집에 앉아 지나가는 계집애를 데려다가 놀기만 하고 있구나."하며 할머니를 타박합니다.

둘째 마퉁이도 우르릉탕 우르릉탕 소리를 내며 들어와 똑같이 할머니를 구박합니다.

그런데 막내 마퉁이는 들어와 부엌 구석에 쪼그리고 앉아 있는 가믄장아기를 보며 말합니다.

"적막한 우리집에 검은 암소와 사람이 함께 왔으니 하늘이 돕는 일 아닙니까!"

저녁이 되자 마퉁이 삼 형제는 마를 삶아 먹기 시작합니다. 그런데 첫째 마퉁이와 둘째 마퉁이가 하는 말이 참 심술궂네요.

"어머니는 먼저 나서 많이 먹었으니 마 모가지나 드십시오."

"어머니는 먼저 나서 많이 먹었으니 마 꼬리나 드십시오."

그리 말하고 자기들은 마 잔등이를 우걱우걱 먹습니다.

그렇지만 막내 마퉁이는 마를 삶아 어머니께 드리며 이렇게 말합니다.

"어머니, 우리를 낳아 키우시느라 얼마나 수고하셨어요. 마 모가지와 마 꼬리는 제가 먹을 테니 마 잔등이를 드세요."

마퉁이 삼 형제의 모습이 가믄장아기네 세 자매와 닮았습니다. 첫째와 둘째는 심술 맞고 셋째가 착하고 지혜롭네요.

동서양을 막론하고 신화 이야기에서 '3'은 늘 '완전수'로 여겨집니다. 우리가 잘 알고 있는 그리스 로마 신화에도 삼 형제가 수시로 등장하고, 우리 신화에도 삼 형제, 삼 차사, 3일, 3년 등 숫자 3과 관련된 것이 참 많습니다. 1과 2는 음과 양이며, 남성과 여성, 홀수와 짝수, 하늘과 땅을 의미하는데 이 둘을 완전하게 보듬는 것이 숫자 3이라고 합니다. 숫자 3은 '완전함'과 '조화'를 뜻하는 것이지요. 그래서 이야기 속 셋째들은 늘 착하고 지혜로운가 봅니다.

가믄장아기는 검은 암소에서 쌀을 내려 흰 쌀밥을 합니다. 그리고 마퉁이 형제와 어머니에게 대접하지요. 첫째 마퉁이와 둘째 마퉁이는 이번에도 불같이 화를 냅니다. 조상 때도 안 먹던 벌레밥 같은 것은 먹지 않는다고요.

하지만 막내 마퉁이는 자기도 받아먹고 어머니도 먹여드립니다. 그렇게 해서 가믄장아기와 막내 마퉁이는 마음을 나누고 짝을 이루어 함께 살기로 언약합니다.

다음날 가믄장아기는 신랑에게 물어 삼 형제가 마를 캐는 곳에 찾아갑니다. 큰 마퉁이가 마를 캐던 자리에 누릿누릿한 것이 있어 파 보니 똥만 물컹물컹하더랍니다. 둘째 마퉁이가 마를 캐던 자리를 파 보니 지네와 뱀이 가득하고요. 막내 마퉁이가 마를 캐던 자리를 파 보니 누런 금덩이가 가득하더랍니다.

마퉁이 삼 형제 이야기에서도 빠짐없이 '인과응보'의 메시지가 전해지네요. 성질 못된 형들은 벌을 받았지만 착한 막내 마퉁이는 금덩이를 내다 팔아 가믄장아기와 함께 잘살게 되었답니다. 소와 말은 물론 논과 밭이 생겨나고 높은 기와집을 짓고 보란 듯이 잘살게 된 것이지요.

이 이야기에는 운명신 가믄장아기를 잘 모시면 복을 받게 된다는 메시지가 담겨 있습니다.

하루는 가믄장아기가 막내 마퉁이에게 이렇게 말을 했답니다.

"낭군님, 낭군님. 우리는 이렇게 잘사는데 날 낳아 준 어머니 아버지는 거지꼴로 살 것이 분명하니 거지 잔치를 하여 부모님을 찾아봐야겠습니다."

착한 막내 마퉁이는 그리하자며 거지 잔치를 석 달 열흘, 백일이나 열었답니다.

어디서 많이 본 듯한 이야기지요? 거지 잔치로 아버지를 찾는 심청이의 이야기와 닮았습니다. 닮은꼴 두 이야기가 보여 주는 우리네 가치는 바로 '효'입니다. 아무것도 해 준 게 없고, 오히려 자신을 힘들게 한 부모라 할지라도 다시 부모를 찾아 효를 실천해야 한다는 마음이 담겨 있습니다.

가믄장아기는 기다리던 부모님을 만납니다. 그런데 그녀는 일꾼에게 강이영성과 홍운소천에게는 밥을 주지 말라고 합니다. 강이영성과 홍운소천은 밥이 오길 기다리지만 달각달각 그릇 소리만 나고 차례가 오지 않는 겁니다. 위로 가면 아래에서 끊기고, 아래로 가면 위에서 끊겨 버리는 게 아니겠어요. 결국 부부는 주린 배를 움켜쥐고 울음을 터트렸지요.

다른 거지들이 다 먹고 떠나자 그제야 가믄장아기는 두 사람을 방으로 모십니다. 그리고 묻습니다.

"할머니 할아버지, 옛이야기나 해 보십시오."

"들은 옛이야기가 없습니다."

"그러면 들었던 말이나 보았던 말이나 해 보십시오."

"들었던 말도 보았던 말도 없습니다."

"그러면 살아온 말이라도 하십시오."

"살아온 말은 할 것이 있습니다. 우리 부부는 은장아기, 놋장아기, 가믄장아기 세 자매를 낳고 천하 거부로 살다가 가믄장아기를 쫓아낸 뒤로 이렇게 소경이 되고 거지가 되어 막대기나 짚고 다니게 되었습니다."

그러자 가믄장아기가 술잔에 술을 철철 넘치게 부어 들고 말했답니다.

"어머니 어버지, 가믄장아기가 여기 있소. 이 술 한 잔 받으시고 어서어서 눈을 뜨오."

이 말을 듣자마자 강이영성과 홍운소천은 눈을 뜨고 잘살게 되었답니다.

그리고 가믄장아기는 부모님과 오래오래 잘살다가 '전상'을 차지하였다고 합니다. 전상이란 '전생의 인연'이라는 뜻을 지닌 제주도 방언입니다. 인간은 전생의 인연으로 운명이 정해지는데, 가믄장아기는 그 운명을 관장하는 신이 되었다는 것이지요.

제주 큰굿에서 행해지는 〈삼공본풀이〉는 나쁜 전상을 제거하고 좋은 전상이 오도록 기원하는 굿입니다. 거지 부부가 큰 부자가 된 것도, 벌을 받아 장님 거지가 된 것도, 다시 눈을 뜨고 부자가 된 것도 가믄장아기의 덕이니 가믄장아기는 사람의 행복과 불행을 좌우하는 신이 된 것입니다.

"내 덕에 먹고 살아요."라고 힘차게 외치며 자신의 삶을 주체적으로 살아간 가믄장아기의 모습에서 깊은 바닷물 속을 거침없이 헤엄치며 자신의 운명을 만들어 간 제주 해녀들의 삶이 보입니다.

가믄장아기에게 복을 빈 옛 조상들은 가난을 쫓고 복을 부르려는 간절한 마음을 본풀이에 담았을 것입니다. 그리고 아마도 주어진 운명을 수동적으로 받아들이기보다는 가믄장아기처럼 당당하게 맞서 이겨내려는 강인한 정신을 만들어가고 싶지 않았을까 생각해 봅니다.

우리 신화와 함께하는 토론·논술 활동

다음은 초·중·고등 교과와 연계하여 논술 및 토론 활동에 활용하면 좋을 자료입니다. 문제의 난이도와 교과에 따라 선택하여 활용하세요.

1 난이도 ★, 초등 국어

가믄장아기가 집에서 쫓겨날 때 언니들이 심술을 부리자 가믄장아기는 언니들에게 '지네'와 '버섯'이 되라고 저주를 내립니다. 가믄장아기의 행동에 대해 어떻게 생각하나요? 잘못을 저지른 이에게 마땅한 응징을 하는 것과 용서를 하는 것, 어느 것이 잘못을 뉘우치기에 좋은 방법일까요? 함께 이야기를 나누고 논술해 봅시다.

2 난이도 ★, 초등 사회

'효'는 '보은의 정'이라고 말합니다. 그렇다면 나에게 정을 주지 않고 도움이 되지 않은 부모에게는 효를 다할 필요가 있을까요? 이에 대한 생각을 이유와 함께 논술해 봅시다.

3 난이도 ★★, 중등 사회

'복福'이라는 글자는 원래 '示(보일 시)'와 '畐(가득할 복)'이 만나 하나의 뜻을 이룬 한자입니다. 이것은 '하늘이 내린 복'이라는 뜻으로, 어원 역시 '사람의 힘을 초월한 운수'를 뜻합니다. 사람의 힘으로 어쩔 수 없는 하늘이 내리는 복이 있다는 것은 농업 중심 사회였던 고대로부터 하늘을 섬기는 마음에서 비롯된 것이라 할 수 있습니다. 이런 '복'에 대해 어떻게 생각하나요? 실제로 사람에게는 '타고나는 복'이 있을까요? 아니면 복은 스스로 만들어 가는 것일까요? 이에 대해 함께 토론해 봅시다.

4 난이도 ★★, 중등 사회

가믄장아기는 복을 주는 신입니다. 사람들은 가믄장아기를 모시는 굿을 하며 액운은 보내고 좋은 복을 받고자 기원합니다. 예로부터 오복을 '수壽(장수), 부富(풍족), 강녕康寧(건강), 귀貴(명예), 자손이 중다衆多(자손이 많음)'라고 했는데 오늘날 오복을 꼽는다면 어떤 것이 있을까요? 옛것과 조합을 해도 되고 새로운 것을 넣어도 됩니다.

5 난이도 ★★, 고등 사회탐구

역사적 사실에 비추어 볼 때 고대와 중세 사회는 대부분 여성이 남성에게 종속된 삶을 살아왔음을 알 수 있습니다. 그러나 옛이야기 속 여인들을 보면 오히려 남성을 이끌고 주체적인 삶을 살아가는 여인상을 종종 보게 됩니다. 가믄장아기 역시 이러한 페미니즘적 요소를 가지고 있습니다. 어떤 부분에서 그런가요? 함께 찾아봅시다.

페미니즘은 여성의 권리와 기회의 평등을 핵심으로 하는 여러 형태의 사회적·정치적 운동과 이론들을 아우르는 용어이다. 다시 말해 여성과 남성의 관계를 살펴보고, 여성이 사회 제도 및 관념에 의해 억압되어 있다는 것을 밝혀내는 여러 가지 사회적·정치적 운동과 이론이다. 역사적으로 남성이 사회 활동과 정치 참여를 주도해 왔기 때문에 페미니즘은 여성의 권리를 주장하고 실현하는 것을 목표로 한다.

약속을 지키는 아름다운 모습

오늘이

봄이면 파릇파릇 새싹이 돋고 들판 가득 꽃이 피어납니다. 여름이 되면 초록 숲 가득히 새 소리, 풀벌레 소리가 들려오지요. 가을이 되면 온 산이 알록달록 단풍으로 물들고, 겨울이 되면 온 세상이 눈꽃으로 덮입니다. 이렇게 우리나라는 사계절이 참 아름다운 나라입니다. 그래서일까요? 우리나라에는 사계절을 주관하는 신에 관한 이야기도 있습니다.

사계절의 신, 오늘이 이야기가 있는 〈원천강본풀이〉는 어떤 신화 이야기보다 행복하고 아름답습니다. 이야기 속에 우리네 정과 사랑이 넘쳐나니 편안하고 행복해집니다. 아름다운 자연만큼이나 아름다운 마음을 가진 우리 조상들의 이야기입니다. 그래서 오늘이 이야기가 보여 주는 우리 민족의 정신은 바로 '더불어 사는 지혜'가 아닐까 생각하게 됩니다.

우리 신화의 주인공들이 대체로 그렇듯 오늘이 또한 어렵고 힘든 여정을 이어가며 자신을 성장시킵니다. 살아 있는 사람이 저승으로 가는 길은 만만치 않습니다. 부모님을 살리기 위해 바리데기가 그 길을 갔듯이 오늘이도 자신에게 닥친 문제를 하나 둘 해결해 나가며 앞으로 나아갑니다.

오늘이는 연약해 보이는 소녀지만 결코 연약하지 않습니다. 혼자이지만 슬프거나 외로워하지 않습니다. 그녀는 헤쳐 나가야 할 과제들을 침착하게 해결해 나가지요.

오늘이가 가는 길에서 만나는 친구들은 지친 오늘이를 기꺼이 쉬게 해 주고 도움을 줍니다. 오늘이 역시 부모님을 만나고 돌아오는 길에 이 친구들의 문제를 하나하나 해결해 줍니다.

그리스 로마 신화에도 계절의 여신 '호라이'가 있습니다. 하지만 오늘이의 모습과는 사뭇 다릅니다. 법의 여신인 테미스와 제우스 사이에서 태어난 세 자매인 에우노미아, 디케, 에이레네를 호라이라고 부르는데, 이들은 질서와 정의와 평화를 관장하는 신이기도 하며 시간과 계절의 여신이 되기도 합니다.

이들은 세상을 다스리고 인간의 삶에 관여하지만 인간을 사랑하고 도움을 주는 신이라 할 수는 없습니다. 신들의 삶은 신들의 삶일 뿐이지요. 호라이는 하늘의 문을 지키기도 하고, 미의 여신 아프로디테의 시중을 드는 일을 하기도 하지만 인간을 위해 무엇을 하지는 않습니다.

그러나 오늘이는 인간을 돕기 위해 일을 합니다. 바로 그 점이 사람으로 태어나 사람들을 이해하고, 사람들의 삶을 돕는 우리 신들의 특징이라 할 수 있습니다.

사람들이 신을 찾는 이유는 아무리 생각해도 이해가 되지 않는 복잡한 세상일을 이해하고 싶거나, 아무리 노력해도 해결되지 않는 어려움을 이겨내려는 마음에서 시작됩니다. 그래서 신화 속 대부분의 신들은 사람이 가지지 못한 특별한 능력을 갖추고 있습니다.

우리 신화의 원형을 많이 가지고 있는 제주도의 '본풀이'에서도 인간의 삶을 주관하는 신이 많이 등장합니다. 불쌍한 사람을 돌보는 칠성신, 아이를 점지해 주는 삼신할미, 집을 지키는 성주신 등 사람들은 이 신들에게 복을 빌면 복을 얻을 수 있다고 생각하며 삶의 위로를 받았습니다.

하지만 오늘이는 우리 신 중에서도 조금 특별합니다. 특별한 능력을 갖추고 있다기보다 따뜻한 마음으로 자신이 할 수 있는 최선의 노력을 하며 사람들을 돕다가 아름다운 자연을 선사하는 계절의 여신이 됩니다.

대지의 여신 데메테르에 대해서는 알지만 우리의 여신 자청비는 모르고, 계절의 여신 호라이는 알지만 우리의 여신인 오늘이를 모르면 안 되겠지요. 사랑스러운 우리 여신, 오늘이를 소개합니다.

아득한 옛날, 적막한 들에 여자아이 하나가 나타났습니다. 옥처럼 곱고 고운 아이였답니다. 아이를 발견한 사람들은 아이에게 물었지요.

"너는 누구니? 이름은 무엇이고 어디서 왔니?"

"저는 이름도 모르고 성도 모른답니다. 그냥 들판에서 태어나 들판에서 살았답니다."

"그러면 지금까지 어떻게 살아왔단 말이니?"

"하늘에서 학이 날아와 한쪽 날개를 깔아 주고, 다른 한쪽 날개로 덮어 주며 먹을 것을 갖다 줘서 살아왔지요. 아플 땐 야광주를 물려주기도 했답니다."

사람들은 이름도 없고 생일도 없는 아이에게 '오늘'을 생일로 삼고, 이름도 '오늘이'라고 지어 주었습니다. 그리고 마을에서 함께 살게 되었답니다.

어린 시절, 부모가 없던 오늘이를 보살펴 준 것은 바로 자연입니다. 어디선가 커다란 학이 날아와 불쌍한 아이를 지켜 주었다고 하네요. 옛사람들은 하늘을 나는 새들을 특별하게 생각했습니다. 하늘을 날아다니기에 하늘나라의 신들과 통하는 신성한 존재라 생각했던 것입니다. 특히 학을 신선과 더불어 사는 특별한 새라 여기기도 했습니다. 그런 생각 때문에 신이 된 소녀 오늘이도 학이 지켜 줬을 것이라고 생각했을 것입니다.

어느 날, 오늘이는 우연히 박이왕의 어머니 백씨부인을 만나게 되었습니다. 그런데 백씨부인이 오늘이를 알아보네요.

"너는 오늘이가 아니냐? 너의 부모가 계신 곳을 아느냐?"

"모릅니다. 부모님을 한 번이라도 뵐 수 있다면 얼마나 좋겠습니까?"

"너희 부모님은 원천강에 계신단다. 원천강 신관 선녀가 되어 원천강을 지키고 계시지."

오늘이는 마을 사람들의 특별한 사랑을 받으며 자랐지만 부모가 누구인지, 어디에 있는지 늘 궁금했습니다. 부모님을 찾을 수 없는 외로움에 슬퍼하기도 했지요. 그러다가 부모님에 대해 알게 되었으니 얼마나 기뻤을까요?

오늘이는 그 길로 부모님을 찾아 길을 나섭니다. 하지만 원천강은 사람이 갈 수 없는 곳, 이승이 아니라 저승에 있는 곳이었지요. 가는 길도 알 수 없었습니다.

오늘이는 부모님에게 가는 길을 찾아야 했습니다. 그러던 중 흰모래마을 별층당에서 글을 읽고 있는 도령이 원천강 가는 길을 알고 있다는 이야기를 듣게 됩니다. 오늘이는 꼬박 하룻길을 가서 도령을 만납니다. 그리고 원천강 가는 길을 묻지요.

"저는 오늘이라고 합니다. 부모님을 찾아서 원천강으로 가는 중입니다. 원천강 가는 길을 알려주세요."

"저는 장상이라고 합니다. 원천강은 멀디 먼 곳입니다. 서쪽으로 계속 가다 보면 연화못이 있는데 그곳에 있는 연꽃 나무에게 길을 물어보면 원천강 가는 길을 알려 줄 것입니다."

원천강 찾는 방법을 알려 준 장상도령은 오늘이에게 한 가지 부탁을 합니다. 자신은 밤낮없이 앉아 글만 읽어야 하고 집 밖으로는 나갈 수 없는 신세인데 무슨 이유에서 이렇게 살아야 하는지 원천강에 가서 알아봐 달라고 합니다.

오늘이의 부모님이 산다는 원천강은 세상의 이치를 모두 알 수 있는 곳이라고 합니다. 아무리 고민해도 인간의 지혜로는 도무지 알 수 없는 세상의 이치, 사람들은 '왜?'라고 묻고 싶은 세상살이의 질문을 원천강이라는 곳을 상상하며 풀고 싶었는지도 모르겠습니다.

오늘이가 원천강 가는 길에 만나는 인물들은 지역에 따라 조금씩 다릅니다. 하지만 하나같이 스스로 이해할 수 없는 사연을 가지고 있지요. 그들의 간절한 마음을 이해하는 착한 오늘이이었기에 만나는 사람 모두의 사연을 소중히 간직하고 원천강을 찾아 계속 갑니다.

연화못의 연꽃은 아랫길로 곧장 가서 청수 바다에 사는 커다란 이무기에게 원천강 가는 길을 물어보라고 합니다. 그리고 또 자신의 절절한 사연을 이야기합니다. 왜 자신은 윗가지에만 꽃이 피고 다른 가지에는 꽃이 피지 않는지 그 영문을 꼭 알아봐 달라고 하지요. 오늘이는 그러겠다고 약속을 하고 떠납니다.

청수 바다의 이무기는 오늘이를 태우고 물로 들어가 바다를 건네주며 묻습니다.

"다른 뱀들은 야광주를 하나만 물어도 용이 되어 승천하는데 나는 왜 야광주를 셋이나 물어도 용이 못 되는지 꼭 알아봐 주시오."

이번에도 오늘이는 그러겠다고 약속을 합니다.

이제 오늘이는 이무기가 가르쳐 준 곳으로 가서 매일이 아가씨를 만납니다. 매일이는 원천강 가는 길을 알려 주고 밤낮으로 책만 읽어야 하는 이 벌이 언제 끝날지 물어봐 달라고 합니다. 오늘이는 이번에도 그러겠다고 약속하고 길을 떠나지요.

오늘이는 마지막으로 매일이 아가씨가 알려 준 선녀들을 만납니다. 하늘나라 천하궁에서 벌을 받아 우물가에서 물을 푸고 있는 선녀들이었습니다. 선녀들은 구멍 뚫린 두레박으로 물을 푸며 울고 있었습니다. 우물물을 다 퍼야 하늘나라로 돌아갈 수 있는데 두레박에 구멍이 뚫려 아무리 애를 써도 물을 퍼낼 수 없다고요.

오늘이는 덩굴을 뭉쳐 구멍을 메우고 송진을 녹여 틈을 막아 물이 한 방울도 안 새는 두레박을 만들어 줍니다. 그리고 선녀들의 도움으로 원천강 문 앞에 도착하게 됩니다.

오늘이의 여정은 용감한 여전사의 행보 같습니다. 강하고 담대한 스파르타의 여전사 같은 것이 아니라 겉으로 보기에는 부드러우나 마음속은 꿋꿋하고 굳센 외유내강外柔內剛*의 모습을 잘 표현하고 있습니다.

오늘이가 원천강으로 가는 길에 만났던 인물들은 어떤 공통점

---

* 겉으로는 부드럽고 순하게 보이나 속은 곧고 굳세다는 말

이 있을까요? 그것은 바로 그들의 시간이 멈추어져 있다는 것입니다. 변화하지 않고 날마다 똑같은 시간을 맞이하는 그들의 모습은 마치 과거 속에 끊임없이 머무르는 듯합니다. 하지만 시간의 여신이 될 오늘이를 만나 그들의 시간은 다시 흐르게 되지요.

부모님을 만날 수 있는 원천강! 그런데 오늘이는 원천강을 둘러싼 높디높은 성 앞에서 좌절합니다. 문지기가 이승 사람인 오늘이에게 문을 열어 줄 리 만무했지요. 오늘이는 문 앞에서 통곡합니다.

서럽게 우는 오늘이의 소리를 들은 원천강 신관이 문을 열고 아이를 들이라고 합니다. 드디어 성문이 열립니다. 그리고 오늘이는 원천강 신관이 된 부모님을 만납니다.

오늘이는 아이를 낳은 날 옥황상제의 명을 받아 원천강 신관이 되어야만 했던 사연을 듣고 부모님을 이해하게 되지요. 오늘이는 부모님과 행복한 시간을 보냅니다. 원천강에 있는 네 개의 문을 오가며 봄, 여름, 가을, 겨울 사계절을 누립니다.

하지만 오늘이는 그 행복한 시간에 머물러 있지 않습니다. 부모님을 만나는 소원을 이루었으니 도움을 받은 이들에게 은혜를 갚으러 떠나야 한다고 말하지요. 그리고 원천강 신관인 부모님께 그동안 만난 이들의 사연을 모두 이야기합니다. 세상 모든 이치를 알 수 있는 곳, 원천강! 그곳에서 오늘이는 친구들의 문제를 풀어낼 해결책을 듣습니다.

부모님을 떠나 다시 친구들에게로 가야겠다는 오늘이의 결심은 인간적으로 이해하기가 힘듭니다. 아름다운 원천강에서 부모님과 함께 부러울 것 없이 행복하게 살면 그만인데 굳이 힘든 길을 되돌아가려고 하니 말입니다. 이 모습을 보며 우리는 '신의信義'라는 것에 대해 생각하게 됩니다.

약속을 지키는 것, 그것은 팍팍한 삶을 살아갈 때 사람들 사이에 주고받는 힘이 될 것입니다. 아름답게 약속을 지키는 모습을 오늘이가 보여 주네요.

오늘이는 돌아가는 길에 제일 먼저 매일이를 만납니다. 그리고 매일이와 함께 길을 나섭니다. 매일이의 문제는 어떻게 풀어질까요?

오늘이와 매일이는 이무기의 도움으로 바다를 건넙니다. 그리고 오늘이는 이무기에게 용이 될 방법을 알려줍니다. 이무기가 용이 될 수 없었던 이유는 욕심스럽게 야광주를 세 개나 가지고 있었기 때문입니다. 하나만 갖고 두 개를 오늘이에게 주니 용이 되어 승천했습니다. 무엇이든 욕심을 부리면 안 된다는 교훈이 여기에 숨어 있네요.

꽃을 하나만 피우는 연꽃나무에게는 하나밖에 없는 꽃을 꺾어 처음 보는 사람에게 주라고 합니다. 연꽃나무는 망설임 없이 꽃을 꺾어 오늘이에게 줍니다. 그러자 연꽃나무 가득 꽃들이 피어납니다. 가지고 있는 것을 주는 희생이 더 많은 열매를 맺게 한다는 이치가 숨어 있습니다.

드디어 오늘이와 매일이는 장상도령이 있는 곳까지 왔습니다

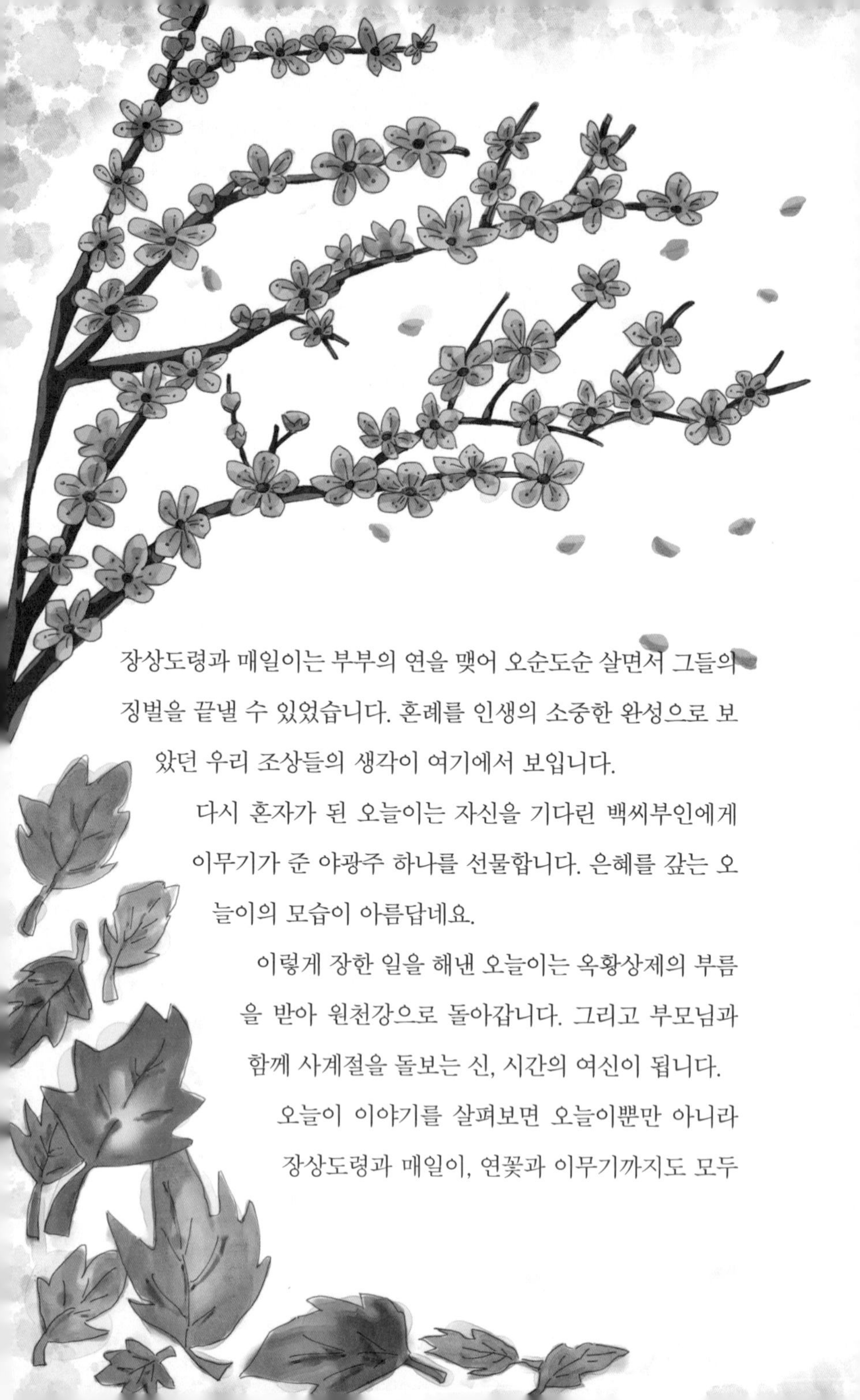

장상도령과 매일이는 부부의 연을 맺어 오순도순 살면서 그들의 징벌을 끝낼 수 있었습니다. 혼례를 인생의 소중한 완성으로 보았던 우리 조상들의 생각이 여기에서 보입니다.

다시 혼자가 된 오늘이는 자신을 기다린 백씨부인에게 이무기가 준 야광주 하나를 선물합니다. 은혜를 갚는 오늘이의 모습이 아름답네요.

이렇게 장한 일을 해낸 오늘이는 옥황상제의 부름을 받아 원천강으로 돌아갑니다. 그리고 부모님과 함께 사계절을 돌보는 신, 시간의 여신이 됩니다.

오늘이 이야기를 살펴보면 오늘이뿐만 아니라 장상도령과 매일이, 연꽃과 이무기까지도 모두

숙명에 매여 어쩔 줄 모르는 존재라는 것을 알 수 있습니다. 하지만 오늘이는 주어진 운명에 머물러 있지 않습니다. 운명을 극복하고 자신을 도와준 이들의 삶도 변화시킵니다.

한 손에는 야광주를 들고, 또 한 손에는 연꽃을 든 오늘이.

오늘이 이야기에는 사계절이라는 아름다운 시간의 흐름이 담겨 있습니다. 시간의 흐름은 '오늘'이라는 시간이 모여 만들어지

지요. 오늘을 소중히 여기며 하루하루 열심히 살아갈 때 아름다운 시간의 흐름이 만들어집니다.

우리가 살아온 시간(과거), 우리가 살아가는 시간(현재), 우리가 살아갈 시간(미래), 오늘이는 이 모든 시간이 멈추어진 것이 아니라고 알려 줍니다.

귀를 기울여 보세요. 오늘이는 지금도 우리의 아름다운 사계절을 지켜 주며, 우리에게 주어진 시간은 놓칠 수 없는 소중한 것이라며 원천강 어딘가에서 가만히 알려 주고 있을 것입니다.

우리 신화와 함께하는 토론·논술 활동

다음은 초·중·고등 교과와 연계하여 논술 및 토론 활동에 활용하면 좋을 자료입니다. 문제의 난이도와 교과에 따라 선택하여 활용하세요.

1 **난이도 ★**, 초등 국어

오늘이의 부모님은 옥황상제의 부름 때문에 어쩔 수 없이 자기가 낳은 아이를 버려두고 원천강 신관이 되었다고 합니다. 부모님의 행동에 대해 아래 두 의견 중 하나를 선택하고 이유를 생각하며 토론해 봅시다.

옥황상제의 부름에는 거부할 수 없으므로 어쩔 수 없는 선택이었다.	자신의 아이를 버려두고 가는 일은 무책임한 행동이다.

2 난이도 ★, 초등 창의융합

오늘이가 부모님을 찾아가며 만난 인물들은 하나같이 독특한 사연을 가지고 있습니다. 오늘이가 만난 인물들을 캐릭터화해 보세요. 이야기에서 보여 주는 행동을 살펴보며 인물들이 어떤 성격일지 이야기를 나눠 보고, 성격에 맞는 표정을 담은 캐릭터를 만들어 봅시다.

장상도령	매일이	오늘이
원천강 신관(아버지)	**선녀 1**	**선녀 2**

3 난이도 ★★, 중등 사회

오늘이는 원천강으로 가는 길에 만난 친구들과의 약속을 기어이 모두 지킵니다. 오늘이 이야기와 다음에 제시된 '다몬과 피시아스의 이야기'를 비교하며 약속을 지키는 것과 믿음이 중요한 이유를 이야기해 봅시다.

기원전 4세기경, 그리스의 피시아스라는 젊은이가 교수형을 당하게 됐다. 그는 자신의 죄를 뉘우치고 기꺼이 교수형을 당하겠다고 했지만, 집에 돌아가 연로하신 부모님께 마지막 인사를 하게 해 달라고 간청했다. 하지만 왕은 이를 허락하지 않았다. 번거로운 선례를 남기지 않기 위해서였다. 만약 피시아스에게 작별 인사를 허락할 경우 다른 사형수에게도 공평하게 시간을 줘야 한다. 그리고 만약 사형수 중 부모님과 작별 인사를 하겠다며 집에 다녀오겠다고 했다가 멀리 도망친다면 국법과 질서가 흔들릴 수도 있었다. 왕이 고심하고 있을 때 피시아스의 친구 다몬이 피시아스가 돌아올 때까지 자신이 그 자리를 지키겠노라고 나섰다. 왕은 피시아스가 돌아오지 않으면 다몬을 교수형에 처하겠다고 했다. 그리고 다몬을 피시아스 대신 감옥에 가둔다.

그러나 피시아스는 교수형을 집행하는 날까지 돌아오지 않았고, 사람들은 바보 같은 다몬이 죽게 됐다며 비웃었다. 하지만 다몬이 교수대로 끌려 나왔을 때 멀리서 다급하게 말을 타고 달려오며 소리치는 사람이 있었다. 그는 피시아스였다. 왕은 이들의 우정과 신의에 감동하여 피시아스의 죄를 사면했다.

4 난이도 ★★, 중등 사회

오늘이는 자신을 도와준 모든 사람에게 은혜를 갚습니다. 여러분은 타인에게 은혜를 입거나 은혜를 갚은 적이 있나요? 자신의 경험을 바탕으로 더불어 살아가는 우리 사회에서 '서로 돕는 일'이 중요한 이유를 논술해 봅시다.

5 난이도 ★★★, 고등 사회탐구

2003년 이성강 감독이 만든 단편 애니메이션 〈오늘이〉는 우리 신화에 나오는 오늘이 이야기를 바탕으로 만들어졌습니다. 그러나 신화 〈원천강본풀이〉가 '착하게 살라'는 교훈이 강하다면 애니메이션 〈오늘이〉는 '행복하게 살라'는 메시지가 강합니다. 그렇다면 이렇게 가치관을 바뀌게 한 사회 변화는 무엇일까요? '권선징악'이 필요한 과거 사회와 '개인의 행복'이 필요한 현대 사회의 특징을 설명해 봅시다.

사랑과 인내로 농사를 다스리는

자청비

농사를 지을 때 필요한 것은 무엇일까요? 먼저 농사지을 땅이 있어야 하고 그 땅에 뿌릴 씨앗이 있어야 합니다. 지금은 기계가 대신 하지만 옛날에는 밭을 갈아야 하니 가축 소가 필요했겠네요. 그리고 풍년이 들려면 기후, 즉 해와 비와 바람이 적절하게 도와주어야 합니다.

여러분은 우리나라에 농사를 주관하는 기후, 땅, 씨앗, 가축을 돌보는 신이 있다는 거 아세요? 기후를 주관하는 상세경신 문도령, 땅과 씨앗을 주관하는 중세경신 자청비, 가축을 주관하는 하세경신 정수남. 이들이 농사의 신 이야기의 주인공이랍니다.

제주도에서만 전하는 〈세경본풀이〉에 나오는 세 명이 주인공 가운데 가장 매력적인 인물은 자청비입니다. 바리데기가 우리 신화의 대표 여신이라면 자청비는 제주를 대표하는 여신입니다. 자청비가 어떤 매력이 있는지 이야기를 통해 만나 볼까요?

김진국 대감님과 조진국 부인님은 결혼한 지 15년이 지났는데도 자식이 없었습니다. 어느 날, 시주를 청하러 온 스님에게 김진국이 자식 없는 한탄을 하자 스님은 부처님께 백 근의 정성을 들이면 아들이 태어날 거라고 하였습니다. 그런데 김진국은 원래 약속과 다르게 한 근의 정성이 빠진 아흔아홉 근의 정성을 들였고 그 결과 딸이 태어났답니다. 가부장제 사회에서 여성이 완전하지 못한 존재로 그려지는 대목입니다.

그래도 부처님께 공들여 낳은 아기여서 '자청비(스스로 청하여 낳은 자식)'라는 이름을 갖게 되었지요.

자청비는 부잣집에 태어나 아주 귀하고 곱게 자랐습니다. 그런 그녀가 농사의 신인 세경신이 되기까지는 많은 시련을 겪게 됩니다. 그러나 역경을 회피하거나 포기하는 것이 아니라 지혜롭고 당당하게 맞서 자신의 삶을 개척합니다. 그녀는 여성이지만 남성 못지않은 영웅적인 면모와 지혜를 지니고 있습니다.

부모님의 사랑을 받고 무럭무럭 자란 자청비는 어느덧 열다섯 살이 되었습니다. 어느 날, 자청비는 허드렛일을 하는 하녀의 손이 무척 고운 것을 발견하고는 "어찌 손이 그리 고우냐?"고 묻자 하녀는 주천강 연못에서 빨래를 하면 손이 고와진다고 말했습니다. 자청비가 하녀의 피부결에 관심을 둔다는 것은 여인으로서의 자아에 눈을 뜨게 된다는 의미입니다. 또한 사랑에 눈이 뜬다는 의미도 됩니다.

하녀의 말을 들은 자청비는 주천강 연못에 빨래를 하러 나갔다가 글공부 하러 떠나는 문도령과 만나게 됩니다. 문도령과 사랑에 빠진 자청비는 그를 따라 글공부를 하기로 결심하고 부모님을 설득시킵니다.

부모님이 반대했지만 "글을 모르면 부모님 제삿날 지방도 못 쓴다."라는 말로 부모님을 설득한 후 남장을 하고 문도령을 따라나섭니다.

서당에서 문도령과 자청비는 한방에서 기거하게 됩니다. 여자라는 사실을 들키지 않기 위해 문도령과의 사이에 물을 떠 놓고 자기도 합니다. 자청비의 이런 거침없고 능동적인 행동은 앞으로 얼마나 씩씩하게 자신의 운명을 헤쳐 나갈지 짐작하게 합니다.

서당 스승은 자청비의 정체를 늘 의심하며 시험을 냅니다. 그때마다 자청비는 기지를 발휘하여 문도령에게 무엇 하나 지지 않았습니다. 공부면 공부, 달리기면 달리기, 활쏘기, 씨름 심지어는 오줌 누기 시합까지 말이에요. 그녀는 남성의 횡포에 맞서며 남성의 통과의례를 족족 통과한 것입니다.

어느 날, 하늘나라 옥황의 부엉이가 문도령에게 편지를 전합니다. 그 편지는 3년 동안 글공부를 하였으니 이제 하늘로 올라와 서수왕의 딸에게 장가들라는 내용이었습니다.

문도령에게서 그 얘기를 들은 자청비는 올 때도 함께 왔으니 갈 때도 같이 가자며 서당에 작별 인사를 하고 그와 함께 길을 떠납니다. 길을 가다 보니 냇물이 나오자 목욕이나 하고 가자며 청합니다. 자청비는 위쪽에서, 문도령은 아래쪽에서 목욕을 합니다. 자청비는 수양버들 잎사귀에 글자를 써서 아래로 띄워 보낸 후 자리를 뜹니다.

어리석고 바보 같은 문도령아. 한방에서 공부하고 한방에서 잠을 자도 남녀를 모르느냐. 내가 바로 자청비다.

문도령은 편지를 읽고 자청비를 따라갔습니다. 자청비는 집으로 돌아가 부모님께 인사를 올리고, 제 방으로 돌아와 그동안 문도령을 속였던 마음을 사랑으로 풀어냅니다.

날이 밝자 문도령은 상동나무 얼레빗을 꺾어 자청비에게 증표로 준 뒤 새로 꽃이 피고 열매가 열릴 때 다시 돌아오겠다는 약속을 하고 하늘로 올라갑니다.

약속한 시간이 지났지만 문도령은 돌아오지 않았습니다. 아무 소식도 없는 문도령을 기다리다 보니 남의 집 하인들은 나무를 잔뜩 하며 쉬지 않고 일을 하는데 우리집 하인 정수남은 게으름만 피우고 있네요. 그런 그에게 게으르다며 욕을 하니 말 아홉 마리와 소 아홉 마리, 도끼를 내어 주면 일하러 간다고 합니다.

다음날 요구하는 것들을 준비시켜 놓으니 정수남은 마소를 끌고 굴미굴산 깊은 산으로 들어가 몇날 며칠 동안 잠만 잡니다. 잘 만큼 다 잔 정수남은 물 한 모금 주지 않아 갈증으로 죽어 버린 소와 말을 구워 먹고는 알몸으로 산에서 내려옵니다.

그러고는 이제나저제나 문도령을 기다리는 자청비에게 그가 있는 곳에 데려다주겠다며 거짓말을 합니다. 문도령이 보고 싶은 마음에 자청비는 아무 의심없이 정수남을 따라나섭니다. 정수남은 집을 떠나기 전 말안장 안에 소라껍질을 넣어 자청비가 말을 못 타게 하고, 말머리 고사를 지내게 하여 그 음식을 혼자 다 먹어 버립니다. 그것도 부족했는지 점심으로 싸온 범벅까지 해치워 버리고, 자청비에게는 소처럼 엎드려 물을 먹으라고 합니다.

결국 꼬리가 잡혀 자신의 거짓말이 들통나자 정수남은 대놓고 상전인 자청비의 손을 잡으려 하고 입을 맞추려는 등 그녀를 농락합니다. 자청비는 그런 그를 어르고 달래 청미래 덩굴 꼬챙이로 죽여 버립니다.

종에게 농락을 당했다 해도 부모님은 자청비를 나무랍니다. 계집은 시집가면 그만이지만 종은 살려 두면 우리 두 늙은이 먹을 일을 해 준다면서요.

현대적인 시각으로 보면 자청비 부모님의 행동은 이해가 되지 않지만 자청비가 살던 시대 배경이 고내 농경사회라는 사실을 상기해야 합니다. 자청비는 농경사회에서 가장 중요한 역할을 하는 노동력을 없애버린 것이니까요. 자청비의 부모가 정수남을 딸보다 더 중요하게 생각한 사실은 제주에서 남성의 노동력과 가치를 얼마나 중요하게 생각했는가를 보여주는 대목입니다.

자청비는 남장 차림으로 길을 떠납니다. 서천꽃밭까지 간 자청비는 꽃밭을 해치는 부엉이를 잡아 주었고, 그 덕분에 서천꽃밭 꽃감관의 막내 사위가 됩니다. 서천꽃밭을 구경하던 중 살오를꽃, 피오를꽃, 도환생꽃을 발견한 자청비는 꽃을 꺾어 주머니에 넣어 둡니다. 그러고는 꽃감관의 막내딸에게 과거 시험을 보고 오겠다는 말을 남기고 다시 집으로 돌아옵니다.

서천꽃밭에서 얻은 꽃으로 정수남을 살려 놓으니 이번에는 사람을 죽이고 살리고 하는 년, 집안 망칠 년이라며 자청비를 집에서 내쫓습니다.

두 번이나 집에서 쫓겨난 자청비는 주모할망을 만납니다. 주모할망은 하늘나라 문도령이 혼인날 입을 옷을 짜고 있었습니다. 그녀의 수양딸이 된 자청비는 문도령에게 갈 비단을 짜면서 자신의 이름을 함께 짜 넣습니다.

자청비는 참으로 능력이 많아 보입니다. 글공부도 월등했는데, 베 짜는 일도 뛰어나네요. 이러한 능력은 자청비가 성인으로 자립할 수 있는 능력을 보여 줍니다. 부모라는 울타리에서 벗어나 진정 성인으로 거듭났음을 의미합니다.

자신의 옷에서 자청비의 이름을 발견한 문도령은 그녀를 만나기 위해 지상으로 내려옵니다. 그러나 자청비의 실수로 바늘에 손을 찔린 문도령은 발끈하여 하늘나라로 올라가 버리고 맙니다. 이 일로 주모할망에게도 쫓겨난 자청비는 머리를 깎고 중이 됩니다.

자청비에게 화를 내고 하늘나라로 와 버린 문도령은 이내 자청비가 그리워 선녀들에게 자청비와 목욕하던 물을 떠 오라고 시킵니다. 자청비는 그 선녀들을 도와주고 하늘나라로 올라가 문도령과 재회합니다.

자청비와 다시 만난 문도령이 부모에게 자청비와 결혼하게 해 달라고 말하자 문도령의 부모는 자청비에게 시험을 냅니다. 그 시험은 숯불을 피운 구덩이 위에 칼을 거꾸로 세우고 그 위를 걸어 통과해야 하는 것입니다. 자청비는 시부모가 낸 시험을 무사히 통과하고 드디어 문도령과 결혼을 합니다.

지상에서 올라온 자청비의 미모가 하늘나라에 소문나면서 많은 선비들이 그녀를 푸대쌈하기 위해 계략을 짜고 있었습니다. 그것을 눈치챈 자청비는 문도령에게 선비들이 술을 권하면 절대 마시지 말라고 당부했지만 문도령은 선비들의 청을 거절하지 못하고 결국 술을 먹고 죽습니다. 자청비는 기지를 발휘해 선비들을 따돌린 후 다시 남장을 하고 서천꽃밭 꽃감관의 사위로 돌아가 환생꽃을 얻은 뒤 문도령을 살려냅니다.

자청비는 다시 살아난 문도령에게 시천꽃밭에서 있었던 일을 이야기하고 은혜를 갚기 위해 서천꽃밭 막내딸에게 문도령을 보냅니다. 보름씩 양쪽 집을 오가며 남편 노릇을 하라고 했지만 문도령은 서천꽃밭 막내딸과 노느라 약속을 잊어버리고 맙니다. 그러자 자청비는 시부모가 죽었다는 거짓 편지를 보내 문도령을 돌아오게 만듭니다.

여기서 문도령에 대해 살펴봅시다. 자청비가 사랑한 문도령은 정말 그녀의 사랑을 받을 자격이 있을까요?

문도령은 자청비와 사랑을 나누고 하늘로 올라간 후 다시 오겠다는 약속을 까맣게 잊습니다. 오랜 시간이 흐른 후 주모할망 집에서 자청비를 다시 만났지만, 자청비의 작은 실수에 화를 내고 하늘로 올라가 버립니다. 그러고는 금세 자청비를 그리워하죠. 또 자청비의 말을 듣지 않아 선비들의 계략에 목숨까지 잃습니다. 게다가 목숨을 살려 준 자청비를 뒤로하고 서천꽃밭 막내딸에게 빠져 세월을 보내는 것을 보면 한심하기 짝이 없습니다.

어쩌면 이렇게 지조도 없고, 유약하며, 변덕스러울 수 있을까요? 자청비는 문도령의 어떤 면에 끌려 불 속 칼날 위를 걸으면서까지 사랑을 이루었을까 하는 의문마저 생깁니다.

이런 문도령의 성격으로 알 수 있듯이 하루하루의 기후는 어떤가요? 기상청도 잘 모르는 게 날씨 아닌가요? 아마도 눈치챘을 겁니다. 문도령이 기후를 관장하는 신이 된 이유를 말이에요.

그러던 어느 날, 하늘나라에 변란이 일어납니다. 자청비는 서천꽃밭에서 생명을 죽이는 악심꽃을 가져와 난을 진압합니다.

이렇게 하늘나라를 구한 자청비는 옥황에게 열두시만곡*을 얻어 백중날 문도령을 거느리고 인간 세상으로 내려옵니다.

집에 가 보니 부모님은 돌아가시고 정수남은 굶어 죽어가고 있었습니다. 자청비는 그를 위해 밥을 준 늙은이의 밭에는 풍년을 주고, 밥을 주지 않은 아홉 형제의 밭에는 흉작을 준 후 정수남을 목축의 신으로 좌정시켜 마불림제**를 얻어먹고 살게 했습니다.

곡식의 씨앗을 뿌리다 보니 메밀 씨를 깜빡했다는 것을 알게 된 자청비는 다시 하늘나라로 가 메밀 씨를 가져왔습니다. 그 바람에 메밀의 수확 시기가 다른 곡식에 비해 조금 늦게 되었답니다.

그러면 자청비는 왜 농경의 신이 되었을까요? 아마 자청비의 사랑 때문이라고 생각합니다. 비록 하늘나라 옥황이 모든 곡식의 씨앗을 내주어 농경의 신이 되었지만 옥황이 그녀에게 씨앗을 준 까닭도 여기에 있다고 볼 수 있습니다.

사람을 죽이고 살리게 하는 능력, 온갖 시련과 역경을 이겨낸 지혜와 힘, 정말 미운 정수남과 미워할 수 없는 남편 문도령을 이해하고 받아들인 포용력 등은 농사를 짓는 과정과 매우 유

---

* 모든 곡식

* 제주도에서 음력 7월 14일 무렵에 장마 동안 생긴 곰팡이 따위를 씻어 내기 위하여 지내는 제의

사합니다.

자청비는 농사의 풍년과 흉년을 다스립니다. 메마른 땅을 갈고, 땅속 씨앗을 싹 틔워 생명을 솟아오르게 하는 것은 서천꽃밭에서 얻어온 꽃으로 정수남과 문도령을 살려 낸 것과 같습니다. 또한 자청비가 열다섯 살 이후 겪은 온갖 시련과 역경은 한 해 농사를 지으며 겪는 자연재해를 상징합니다. 사랑과 인내, 이 모든 것이 농사를 다스릴 자격이라고 봅니다.

가난한 백성들을 위해 씨를 골라 주고, 씨앗이 죽지 말라고 주문을 외워 주며, 풍년이 들게 해 주는 농경의 신 자청비 이야기. 이 이야기에는 제주의 척박한 땅을 일구며 살아간 가난한 백성들의 소망이 깃들어 있습니다.

우리 신화와 함께하는 토론·논술 활동

다음은 초·중·고등 교과와 연계하여 논술 및 토론 활동에 활용하면 좋을 자료입니다. 문제의 난이도와 교과에 따라 선택하여 활용하세요.

1 **난이도** ★, 초등 국어

김용택 시인의 '우리 아빠'는 농사를 짓는 아빠의 모습을 그리고 있습니다. 시를 읽고 느낌을 자유롭게 이야기해 봅시다.

우리 아빠

김용택

아침밥 먹고
우리 아빠는 논에 갑니다.

저녁에 집에 오면
흙 묻은 얼굴
흙 묻은 손과 발을 씻지요.

나는 밥 먹을 때
우리 아빠를 생각합니다.

2 난이도 ★, 초등 사회

자청비는 문도령과 글공부를 떠날 때 정수남을 구하러 서천꽃밭으로 떠날 때 남장을 하고 길을 떠납니다. 남장을 하는 자청비를 통해 그 시대의 사회적 통념에 대해 이야기해 봅시다.

사회적 통념	나의 의견

3 난이도 ★★, 중등 국어

자청비는 서천꽃밭의 막내딸과의 혼인을 지키기 위해 문도령을 보내 그곳에서 보름을 살라고 합니다. 그러나 문도령은 서천꽃밭 막내딸에게 빠져 자청비와의 약속을 어깁니다. 이 이야기 속에 담긴 의미가 무엇인지 생각해 봅시다.

4 난이도 ★★, 중등 시사

다음 두 사진을 보고 우리 사회의 남녀 차별적 요소를 찾아 문제점을 이야기해 봅시다.

3부

신이 된 영웅들

믿음으로 역경을 극복한

황우양씨와 막막부인

인류가 처음으로 만든 신석기 시대의 움집부터 현대 사회의 건물까지 우리가 살고 있는 집은 많은 발전을 거듭했습니다. 특히 땅이 좁은 대한민국 사람이라면 자기 집을 소유하는 것이 소망이며 집값이 오르고 내리는 상황에서 누군가는 웃고 누군가는 울기도 합니다. 이런 한국인의 집에 대한 애착이 시간을 거슬러 올라가 '성주신'에 대한 이야기를 만들었을 겁니다.

집안에 막힌 한과 액을 풀어 준다는 〈성주풀이〉에 담긴 이야기는 부부의 사랑 이야기로 시작합니다. 과연 이 부부에게 무슨 일이 일어난 걸까요?

바늘과 실처럼 한 세트로 묶여 있어야 하는 것이 부부夫婦라고 한다면, 주住 생활에서 한 세트는 집과 땅입니다. 집 없이 땅에서만 살 수 없고 땅 없이 집을 지을 수 없듯이 땅의 신 '터주신'과 집의 신 '성주신'은 부부의 모습으로 나타납니다.

요즈음 젊은 세대는 결혼의 필요성을 못 느낀다고 합니다. 굳이 자신을 희생하면서 살고 싶지 않은 마음인지, 더 나은 조건을 찾다가 포기를 하는 건지 잘 모르겠지만 우리 신화에 나타난 부부의 모습을 보면서 부부 간에 가장 필요한 덕목이 무엇인지 생각해 보았으면 합니다.

《삼국사기》에 전해지는 백제 도미 부부의 이야기를 아시나요? 본디 남자들은 아름다운 여인을 가만히 두려고 하지 않지요. 아름다운 여인이라 소문난 도미의 아내 이야기는 개루왕에게까지 전해지고, 개루왕은 도미의 아내를 취하려 합니다. 작업에 들어간 개루왕은 직접 나서지 않고 신하에게 왕의 옷을 입혀 왕이라 속이고 왕의 명을 받들라고 합니다. 하지만 도미부인도 여종을 자기인 것처럼 꾸며서 왕의 명을 받들게 합니다.

여자의 느낌이라는 것이 이럴 때 나오는 것인가 봅니다. 나중에 이 사실을 알게 된 개루왕은 왕을 속인 죄로 도미의 두 눈을 뽑아 내쫓아 버립니다. 훌륭한 목수인 도미는 이제 아무 일도 할 수 없는 사람이 됩니다.

이제 더 이상 왕의 명을 거역할 수 없게 된 도미부인은 또 한 번 지혜를 발휘합니다. 지금 월경 중인 더러운 몸이라 깨끗해진 때까지 기다리라는 말로 왕을 안심시키고 남편을 찾아 떠납니다. 앞도 보지 못하는 남편을 가까스로 만난 도미부인은 백제를 떠나 고구려에서 남편과 행복한 삶을 살았다고 합니다.

황우양씨와 막막부인의 이야기는 도미 부부 이야기와 많이 비슷합니다.

황우양씨는 지하국의 신 지탈부인과 천하국의 신 천사랑씨 사이에서 태어나 나무와 땅에 관해서는 모르는 것이 없었습니다. 그래서인지 천하국과 지하국에서 집 짓는 기술로는 황우양씨를 따라올 자가 없었습니다.

천하국과 지하국에서 집을 지으며 살던 황우양씨는 너무 심심해서 인간 세상으로 내려가 살게 해 달라고 옥황상제를 조릅니다. 옥황상제의 허락을 받은 황우양씨는 해동국에 멋진 집을 지은 후 막막부인과 함께 행복하게 삽니다. 막막부인은 사람들이 물어보면 모르는 게 없는 여인이란 뜻입니다.

그러던 어느 날, 황우양씨는 하늘나라의 궁궐이 무너지는 꿈을 꿉니다. 그 후 황우양씨 앞에 나타난 사자使者는 하늘의 궁궐이 무너졌으니 궁궐을 수리해 줄 사람은 당신밖에 없다며 하늘나라의 일을 도와 달라고 합니다.

하지만 황우양씨는 "하늘나라의 일은 하늘에서 알아서 할 일입니다."라며 매몰차게 거절합니다. 황우양씨의 반응에 당황한 사자는 집밖을 서성거리다 조왕신에게 도움을 청합니다.

조왕신은 황우양씨와 막막부인이 마음이 들지 않았어요. 왜냐고요? 부엌을 지키는 신인 조왕신은 냄새나는 버선을 부엌에 팽개쳐 놓는 황우양씨와 부엌칼을 부뚜막에 올려놓는 막막부인이 부엌을 함부로 대한다고 여겼거든요. 조왕신은 마음에 들지 않았던 이들을 혼내 주라고 하면서 황우양씨를 하늘로 데려갈 방법을 알려 줍니다.

자신의 부엌을 마구 대하는 이 부부의 행동에 조왕신이 무척 화가 난 것 같네요. 조왕신은 황우양씨가 부모님께 안부 인사를 드리러 갈 때 갑옷과 투구를 벗고 가니 그때 그를 잡으라고 하늘나라 사자에게 친절하게 가르쳐 줍니다. 조왕신이 일러 준대로 황우양씨를 붙잡은 사자는 하늘나라로 가자고 합니다. 황우양씨는 안 가겠다고 버틸 수가 없었습니다.

그런데 하늘의 궁궐을 지으러 가야 하는 황우양씨에게 고민이 생겼습니다. '신선놀음에 도끼자루 썩는 줄 모른다.'는 말처럼 막막부인과 놀기만 한 황우양씨는 연장이 어디에 있는지도 모르고 기껏 남아 있는 연장도 녹이 슬어 사용할 수가 없게 되었거든요. 하늘의 궁궐을 지을 수가 없다고 해야 될 상황이 되어 버렸습니다.

하지만 남편의 능력을 믿는 막막부인은 기지를 발휘합니다. 우선 쇠를 청하는 글을 적어 지하국으로 보내자 지하국에서 수많은 덩이쇠를 보내줍니다. 다른 이야기에서는 천하국에 글을 보내 재료를 준비했다고 나옵니다.

쇠를 얻은 막막부인은 연장과 남편이 입고 갈 옷을 만듭니다.

잘 다듬어진 연장, 새로 지은 옷, 타고 갈 말까지 모든 준비를 갖춘 막막부인은 내조의 여왕이라고 할 수 있습니다.

여러분은 부부 간의 사랑이 지속되려면 가장 중요한 덕목이 무엇이라고 생각하나요? 그것은 바로 서로에 대한 믿음과 지지일 것입니다. 황우양씨는 아내의 든든한 지원으로 잃었던 자신감을 되찾고 길을 떠나려고 합니다.

먼 길을 떠나는 남편에게 막막부인은 당부를 합니다. 누가 말을 걸어도 대꾸하지 말고, 궁을 지을 때 새로운 목재보다 낡은 목재를 소중히 여기라고 말이지요.

그러나 인생에서 만나야 할 사람은 꼭 만나게 되나 봅니다. 막막부인의 당부가 무색하게도 황우양씨는 소진랑을 만나게 되고, 그는 황우양씨와 막막부인의 믿음을 깨뜨리려고 합니다.

소진뜰에 사는 소진랑은 지하궁에서 3년 동안 돌성 쌓는 일을 하고 돌아오는 길이었습니다. 그는 전부터 막막부인의 미모와 지혜로운 모습에 반해 그녀를 차지할 기회를 노리고 있었지요.

소진랑은 황우양씨가 천하궁에 일하러 간다는 사실을 알고 자기도 천하궁에서 일을 했다고 거짓말을 합니다. 그러면서 천하궁에서 일했던 사람의 옷을 입고 가면 부정 타지 않을 거라며 서로 옷을 바꿔 입자고 제안합니다. 황우양씨는 천하궁에서 일을 잘하고 싶은 마음에 소진랑과 자신의 옷을 바꿔 입습니다.

나쁜 마음을 품은 소진랑은 막막부인에게 접근합니다. 막막부인이 의심하지 않게 황우양씨의 옷을 입고 나타나지만 막막부인은 호락호락 넘어가지 않습니다.

천하궁을 지으러 간 지 사흘밖에 안 되었는데 남편이 벌써 돌아오다니요. 그런데 집밖의 남자는 자신이 황우양씨라고 합니다. 밤낮으로 일하느라 얼굴이 검어지고 목소리가 변한 것인데 남편을 못 알아보다니 서운하다며 역정을 냅니다.

하지만 막막부인은 꿈쩍도 하지 않습니다. 소진랑은 바꿔 입은 속적삼까지 벗어 주면서 본인이 황우양씨라고 했지만 땀냄새가 달랐지요. 황우양씨의 냄새가 아닙니다.

막막부인은 하늘이 무너지는 것 같았습니다. 그러나 이럴 때일수록 정신을 차려야 한다며 자신을 다잡습니다. 그러고는 피눈물을 흘리며 황우양씨에게 편지를 써 주춧돌에 남깁니다.

서방님, 살아서 돌아오시면 소진뜰 우물로 오시고,
죽은 혼이 오거든 저승에서 만납시다.

주춧돌은 집의 기초이며 반석입니다. 그러면 결혼 생활의 주춧돌은 무엇일까요? 바로 서로에 대한 '믿음'입니다. 결혼은 누군가가 다른 사람 위에 군림하는 것이 아니라 서로가 서로에게 주춧돌이 되어 주어야 합니다, 내가 먼저 든든하게 주춧돌이 되어줄 때 부부의 관계는 더욱 견고해질 수 있습니다.

소진랑은 막막부인에게 빨리 결혼하자고 재촉하고 협박합니다. 막막부인은 꾀를 냅니다, 부모님의 제사를 지내는 동안 볼은 귀신을 떨어내지 않으면 당신도 나도 죽게 생겼으니 뒤뜰 개똥밭에 땅굴을 파고 들어가 3년 동안 구메밥*을 먹어야 한다고 말합니다.

소진랑은 본인에게 화가 올 것이 두려워 막막부인의 청을 들어줍니다. 이렇게 막막부인은 시간을 끌면서 남편을 기다립니다. 막막부인은 황우양씨에게 사랑을 받고 있다는 믿음으로 고통을 견뎌냅니다. 어쩌면 고통을 통해 남편에 대한 사랑을 깊게 경험하고 있는지도 모르겠습니다. 그녀는 고통의 쓴맛을 사랑의 단맛으로 변화시키면서 땅굴에서 기다립니다.

대부분의 사람은 상대방이 나를 덜 사랑한다고 생각하면서 불만을 이야기합니다. 사랑이 식었다고 나를 존중하지 않는다며 상대방을 비난합니다. 하지만 그럴수록 서로 간의 상처는 더욱 깊어집니다.

하늘나라로 올라간 황우양씨는 바쁘게 일을 합니다. 그런데 어느 날 불길한 꿈을 꿉니다. 초경(저녁 7시~밤 9시 사이)에 꿈을 꾸니 쓰던 갓이 테두리만 남아 보이고, 이경(밤 9시~밤 11시 사이)에 꿈을 꾸니 먹던 수저가 부러져 보이고, 삼경(밤 11시~새벽 1시 사이)에 꿈을 꾸니 신던 신발이 흙 속에 묻혀 보였습니다.

꿈이 너무 이상하다고 생각한 황우양씨는 점치는 관리를 불러 꿈에 대해 물어봅니다. 그는 갓이 테두리만 남는 꿈은 살던

---

* 예전에 옥에 갇힌 죄수에게 벽 구멍으로 몰래 들여보내던 밥

집이 사라지고 주춧돌만 남게 된다는 것이고, 신발이 흙 속에 묻히는 것은 부인이 다른 남자를 섬기게 된다는 뜻이며, 수저가 부러진 것은 부인과 이별을 한다는 것이라고 말해 줍니다. 황우양씨는 깜짝 놀라 빨리 집으로 가야겠다는 생각에 하늘 궁궐 짓는 일에 정진합니다.

일을 빨리 끝낸 황우양씨가 집으로 돌아갔습니다. 그는 빈터만 남은 집터를 보고 땅바닥에 앉아 하염없이 눈물만 흘립니다. 그런데 주춧돌 밑에 희끗하게 뭔가 삐져나온 것이 보이네요. 막막부인이 남겨 놓은 편지였습니다. 편지를 읽은 황우양씨는 놀란 마음을 추스르며 소진뜰로 향합니다.

그날 밤 막막부인은 이상한 꿈을 꿉니다. 앵두꽃이 떨어져 보이고, 문 위에 허수아비가 달려 보이고, 거울이 깨져 보이는 꿈이었습니다.

'앵두꽃이 떨어진 것은 열매를 맺을 징조이고, 허수아비가 문에 달려 있는 것은 서방님이 가까이 와 있다는 것이로구나. 거울이 깨진 것은 새로 거울을 장만해서 전에 보던 얼굴을 다시 보게 된다는 것이겠지.'

여러분은 자신을 얼마나 믿고 있나요? 쑨원*은 어떤 일을 할 수 있다는 믿음은 산을 옮기고 바다를 메워야 하는 어려운 일

---

* 중국의 정치가. 청나라를 무너뜨리고 아시아 최초로 국민에게 주권이 있는 '중화민국'을 세웠다. 새로운 나라를 이끌 사상으로 민족, 민권(국민의 권리), 민생(국민의 생활)의 삼민주의를 주장했다.

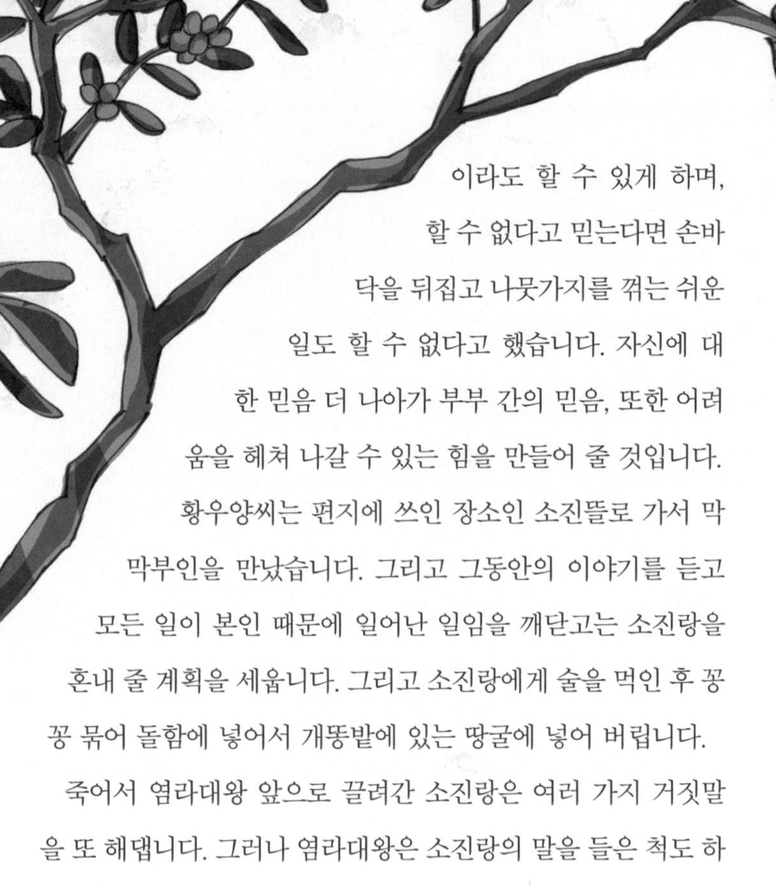

이라도 할 수 있게 하며, 할 수 없다고 믿는다면 손바닥을 뒤집고 나뭇가지를 꺾는 쉬운 일도 할 수 없다고 했습니다. 자신에 대한 믿음 더 나아가 부부 간의 믿음, 또한 어려움을 헤쳐 나갈 수 있는 힘을 만들어 줄 것입니다.

황우양씨는 편지에 쓰인 장소인 소진뜰로 가서 막막부인을 만났습니다. 그리고 그동안의 이야기를 듣고 모든 일이 본인 때문에 일어난 일임을 깨닫고는 소진랑을 혼내 줄 계획을 세웁니다. 그리고 소진랑에게 술을 먹인 후 꽁꽁 묶어 돌함에 넣어서 개똥밭에 있는 땅굴에 넣어 버립니다.

죽어서 염라대왕 앞으로 끌려간 소진랑은 여러 가지 거짓말을 또 해댑니다. 그러나 염라대왕은 소진랑의 말을 들은 척도 하지 않았고 다시는 이 같은 짓을 저지르지 못하게 서낭신으로 만들어 버립니다.

서낭신 앞을 지날 때 돌을 던지거나 침을 뱉으면 재수가 좋다는 이야기가 있습니다. 서낭신이 된 소진랑은 사람들이 던지는 돌이나 침을 맞으며 살아가는 신세가 되어버립니다.

황우양씨와 막막부인의 이야기에서 무조건 모든 것을 조종하고 강제적으로 소유하려는 남성의 모습(소진랑)과 부인을 믿고 신뢰하여 위협으로부터 가정을 지켜 낸 남성의 모습(황우양씨)을 볼 수 있습니다. 소진랑이 파괴적이고 성숙하지 못한 부정적인 모습이라면 황우양씨는 아내를 포용하고 어려움을 같이 해결해 나가는 긍정적인 모습이겠지요.

언제 어디서 어떻게 가정에 위험이 들이닥칠지 모릅니다. 부부가 되어 하나의 가정을 이루어 살아간다는 것은 이런 크고 작은 어려움을 함께 헤쳐 나가고 함께 견뎌내는 것을 의미합니다. 누가 이익을 보고 손해를 보는 것이 아니라 함께 감당해야 하는 과정입니다.

한편 황우양씨와 막막부인은 오래도록 금슬 좋게 살았습니다. 그리고 한날한시에 함께 세상을 떠납니다. 옥황상제는 자신의 잘못으로 나쁜 일이 일어났다며 반성하는 황우양씨와 남편의 능력을 믿고 기다려 준 막막부인을 하늘나라로 부르지 않습니다. 그들을 땅에 남게 해 사람들의 집을 지켜 주는 성주신과 집터를 지켜 주는 터주신이 되게 합니다.

앞에서 이야기한 도미 부부의 이야기나 황우양씨와 막막부인의 이야기는 결혼한 부부가 지켜야 할 덕목을 이야기해 주고 있습니다. 서로를 존중하고 서로의 믿음이 굳건하다면 힘든 일도 견딜 수 있으며 돈이나 권력이 없어도 행복하게 살아갈 수 있다는 지혜를 이야기해 주고 있습니다.

우리 신화와 함께하는 토론·논술 활동

다음은 초·중·고등 교과와 연계하여 논술 및 토론 활동에 활용하면 좋을 자료입니다. 문제의 난이도와 교과에 따라 선택하여 활용하세요.

1 난이도 ★, 초등 국어

《별주부전》에서 토끼는 자신의 목숨을 구하기 위해, 자라는 용왕의 목숨을 구하기 위해 거짓말을 했습니다. 그리고 황우양씨와 막막부인 이야기에서도 소진랑은 막막부인을 탐하기 위해, 막막부인은 정조를 지키기 위해 거짓말을 합니다. 이처럼 거짓말로 위기를 모면한 사례도 있지만 우리는 어렸을 때부터 거짓말은 나쁜 것이라고 배워 왔습니다. 여러분은 거짓말이 필요하다고 생각하나요?

거짓말은 필요하다	
거짓말은 필요하지 않다	

2 　　　　　　　　　　　　　　　　　　　　　　　　　　　　난이도 ★★, 중등 국어

하늘나라 사자는 갑자기 나타나 황우양씨에게 다짜고짜 무너진 하늘나라 궁궐을 다시 지으라고 합니다. 이런 지배층의 모습이 옳은지 찬반으로 나뉘어 토론해 봅시다.

<논제> 옥황상제가 황우양씨에게 하늘나라 궁을 지으라고 명령한 것은 정당하다.	
찬성	
반대	

3 　　　　　　　　　　　　　　　　　　　　　　　　　　　　난이도 ★★, 중등 도덕

삼강오륜에는 임금, 부모, 친구 사이의 믿음은 있지만 부부 사이의 믿음은 없습니다. 삼강오륜을 제시하고 새로운 부부 간의 믿음을 만든다면 어떤 가치를 넣어서 덕목을 만들지 논술해 봅시다.

4 난이도 ★★, 중등 사회

내가 염라대왕이라면 소진랑에게 어떤 형벌을 내렸을까요? 이유를 들어 논술해 봅시다.

소진랑에게 내리는 형벌	
이유	

5 난이도 ★★★, 고등 국어

삶이란 만남의 연속입니다. 만약 황우양씨가 소진랑을 만나지 않았다면 황우양씨와 막막부인의 삶은 어떻게 되었을까요? 황우양씨와 소진랑의 만남이 좋은 만남은 아니었지만 그로 인해 황우양씨와 막막부인은 영원히 함께할 수 있었습니다. 여러분도 살아오면서 좋은 만남과 그렇지 않은 만남이 있었을 것입니다. 여러분의 경험을 토대로 어떤 만남이 좋은 만남이었는지 논술해 봅시다.

집안의 안녕과 평화를 지키는

문전신

예부터 우리 조상들은 우리가 살고 있는 집에는 여러 신이 있다고 믿었어요. 그래서 제사를 지내면 바깥문 앞에도 상을 차리고, 타지에 있는 가족들을 위해 부엌에 물 한 그릇을 떠서 기도를 드리기도 했지요.

교통과 통신이 발달하지 않고 병원이 없던 시절에는 집안에 문제가 생기면 악귀가 우리를 괴롭힌다고 믿기도 했습니다. 그래서 괴로운 일이 생기면 크고 작은 굿을 통해 악귀를 쫓거나 앞날을 염원하는 기도를 드렸지요.

제주 지방의 집안에서 행해지는 큰굿에는 〈문전본풀이〉가 반드시 들어갑니다. 굿은 신들께 예를 갖추어 인사를 드리는 것이라고 볼 수 있습니다. 집안의 신들 중 가장 먼저 인사를 드리는 신이 바로 '문전신'입니다. 이것을 창으로 구현한 것이 바로 〈문전본풀이〉입니다. 여기에는 문전신 외에 조왕신, 측간신, 주목지신, 오방토신 등 집 곳곳에 있는 신들에 대한 이야기도 있습니다. 〈문전본풀이〉는 문전신을 중심으로 한 집 지킴이 신들의 이야기라 할 수 있습니다.

〈문전본풀이〉는 아침드라마를 보는 것처럼 속이 답답하면서도 흥미진진합니다. 여산부인의 지고지순함을 보며 답답함을 느끼고, 가장의 무능함과 첩*의 악행에 화가 나고, 녹두생인의 영특함에 박수를 치게 됩니다.

〈문전본풀이〉에는 사물과 공간에 의미를 부여하고, 문제를 해결할 때 파괴가 아닌 복원을 중요하게 여기는 등 동양적 사고방식이 들어 있습니다.

그러면 우리 집안을 지키는 문전신은 어쩌다가 인간의 집을 지키게 되었을까요?

이보시오. 어찌 이리 소식이 없소.

이승 밥을 먹고 있소, 저승 밥을 먹고 있소.

금쪽같은 자식들이 궁금하지도 않소.

바다님아, 바람님아. 우리 낭군 소식 한 점 들려주오.

---

* 정식 아내 외에 데리고 사는 여자

바다를 바라보며 남편을 기다리는 이 여인은 남선비의 아내 여산부인입니다. 잠깐! 갑자기 남편을 기다리는 여산부인이 등장하니 당황스럽죠? 도대체 남선비는 왜 떠났을까요?

가난한 남선비와 여산부인은 결혼해서 아들 일곱 명을 낳았습니다. 어느 날, 영특한 아들이 공부를 하고 싶다고 말했지만 부부는 형편이 어려워 그런 이들의 뜻을 들어주기가 어려웠습니다. 가난 때문에 금쪽 같은 아이들의 뒷바라지를 못하다니. 여산부인은 이 현실이 너무 괴롭습니다. 그래서 돈을 벌어야겠다는 결심을 하고 장사를 할 수 있는 밑천을 마련합니다. 집안의 가장인 남선비는 여산부인에게 장사 밑천을 받아 무곡* 장사를 하기 위해 집을 떠납니다.

긴 시간이 지나도 남선비가 돌아오지 않자 여산부인은 남편을 찾아 길을 떠납니다. 우여곡절 끝에 남선비를 찾았지만 어찌된 일인지 그는 비쩍 마른 몸에 장님이 되어 비루하게 살고 있습니다. 큰돈을 갖고 장사하러 떠난 남선비가 거지꼴을 한 장님이 되다니. 그동안 무슨 일이 있었던 걸까요?

어리석은 남선비는 노일저대라는 여자를 만나 모든 것을 빼앗겼답니다. 노일저대는 남선비를 노름에 빠지게 만들어 돈을 빼앗고 눈까지 멀게 하여 붙잡아 두었습니다.

여산부인은 돈을 탕진하고 눈까지 먼 남선비를 보니 야속한

---

* 이익을 보려고 곡식을 몰아서 사들임. 또는 그 곡식

마음이 들었습니다. 그러나 미우나 고우나 우리 서방, 우리 가장이니 어쩌겠습니까? 남선비를 데리고 집으로 가려는데 갑자기 노일저대가 나타나 집을 떠나려는 남선비와 여산부인을 보고 버럭 소리를 지릅니다.

"아이고, 봉사도 서방이라 어화둥둥하였더니 서방이라는 사람은 새 부인 들여 떠나는구나. 남은 것은 짓무른 두 손과 텅 빈 마음이구려. 아이고, 서러워라. 아이고, 분통해라! 그냥은 못 보내오. 날 데리고 떠나시오!"

노일저대는 먹고살 만하다는 여산부인의 말에 남선비네로 따라가지만 첩이 되는 것이 못마땅합니다. 결국 노일저대는 여산부인을 강에 밀어 죽여 버립니다. 그리고 여산부인의 모습으로 변장해 남선비와 함께 집으로 돌아갑니다.

인물을 중심으로 살펴본다면 악인으로 등장한 노일저대의 행동에 의문이 생깁니다. 남선비의 집이 아직 살 만하다고는 하지만 사람을 죽이고 변장까지 하면서 무능력한 남선비를 따라간 이유는 무엇일까요?

〈문전본풀이〉에 따르면 남선비의 부모는 해와 달인데, 모두 하늘에 근본을 두고 있습니다. 여산부인 또한 지상의 조정승의 딸로, 귀족 신분이면서 근본을 땅에 두고 있습니다. 그렇기 때문에 남선비와 여산부인은 하늘과 땅의 결합으로 자연의 흐름을 의미합니다.

하지만 노일저대는 근본을 확인할 길이 없습니다. 그저 변방에서 온 인물이라고 추측할 뿐입니다. 타지에서 온 여성이 보수적인 제주도에 터를 잡는 것은 매우 힘이 듭니다. 그런 환경에서 터를 잡기 위해서는 그곳에서 이미 정착한 사람에게 편입되어야 합니다. 그런 이유로 노일저대에게는 무능력한 남선비가 적당한 대상이었던 셈이지요.

남선고을의 일곱 형제는 부모님이 돌아온다는 편지를 받고 너무 기뻐서 부모님이 오시는 길에 다리를 놓기로 합니다.

첫째는 망건을 벗어 다리를 놓고, 둘째는 두루마기를 벗어 다리를 놓고, 셋째는 적삼을 벗어 다리를 놓고, 넷째는 잠방이를 벗어 다리를 놓고, 다섯째는 행전을 벗어 다리를 놓고, 여섯째는 버선을 벗어 다리를 놓겠다고 합니다. 그런데 막내 녹디생인은 어머니가 아닌 것 같아 칼 선 다리를 놓는다고 합니다.*

집도 못 찾고 밥도 엉망으로 차리는 어머니의 이상한 행동에 여섯 형제는 막내 녹디생인의 말을 믿게 됩니다.

여산부인이 노일저대라는 사실을 어린 아이도 눈치챈 마당에 어리석은 남선비는 한결같이 속고 있습니다. 노일저대를 죽여 버렸다는 그녀의 거짓말을 그대로 믿고는 여산부인으로 변장

---

* **망건** 상투를 튼 사람이 머리카락을 걷어 올려 흘러내리지 않도록 머리에 두르는 그물처럼 생긴 물건. **두루마기** 우리나라 고유의 웃옷. 주로 외출할 때 입는다. **적삼** 윗도리에 입는 홑옷으로 모양은 저고리와 같다. **잠방이** 가랑이가 무릎까지 내려오도록 짧게 만든 홑바지. **행전** 바지나 고의를 입을 때 정강이에 감아 무릎 아래 매는 물건. **버선** 천으로 발 모양과 비슷하게 만들어 종아리 아래까지 발에 신는 물건.

한 노일저대와 하하호호 웃고만 있습니다. 노일저대는 여산부인의 아들들에게 자신의 정체를 들킬까 봐 불안해합니다. 거짓말이 들통나면 자신은 쫓겨날 테니까요. 노일저대는 자신의 처지가 바람 앞의 등불 신세와 같아 한탄스럽습니다. 그래서 일곱 아들을 모두 죽이려고 결심합니다.

갑자기 아프다고 떼굴떼굴 구르는 노일저대를 본 남선비는 근심이 가득합니다. 노일저대는 길거리에 용한 점쟁이가 있으니 가서 점을 치는 사람에게 나 살길을 물어보라고 합니다. 남선비가 점쟁이를 만나러 길을 떠나자 노일저대는 그보다 더 빨리 달려 점쟁이 흉내를 냅니다.

"혹시 아랫마을 남선비 아니시오? 보아하니 아픈 부인이 있구먼. 방도가 있으나 어려운 방도이니 방도가 없는 것과 같구나."

"그 방도가 무엇인지 내게 말해 주시오."

"아내를 살리고 싶거든 어서 가서 아들들의 간을 내먹이시오. 그러면 병이 낫고 아내와 백년해로 하겠소이다."

그 말을 들은 노일저대는 남선비에게 자식들을 죽일 수 없으니 다른 점집을 찾아가자고 말합니다. 그녀의 말에 남선비는 또 점쟁이를 만나러 가고, 노일저대는 또 다시 점쟁이인 척하며 같은 말을 합니다. 남선비는 아들들을 죽여야 하는 상황에 어찌할 바를 몰라합니다.

"이보시오. 일곱 아들은 나에게도 금쪽같은 자식이요. 그런데 어쩌겠소. 용하다는 점쟁이마다 같은 말을 하지 않소. 내 병이 다

낫거든 천금 같은 아들 아홉을 낳아 드리리다. 오히려 둘이나 느는 셈이니 더 잘된 거지요."

남선비는 노일저대의 말에 홀랑 넘어가 자식들의 간을 내주겠다고 약속하고 은장도를 갈기 시작합니다. 이를 본 녹디생인이 묻습니다.

"아버지, 어찌 은장도를 갈고 있습니까?"

"네 어미의 병을 고치려면 너희의 간을 내먹여야 한다기에 간을 빼내려고 그런다."

"어머님 병을 고치려는 데 어찌 목숨이 아깝겠습니까. 저희들 간을 내먹고 건강하실 어머니를 생각하니 오히려 기쁩니다. 허나 아버님께서 자식 목숨 거두시자니 얼마나 마음이 아프시겠습니까? 목숨을 바쳐서라도 부모님을 위하여 효를 행하는 것이 마땅합니다. 어머님을 위하여 먼저 여섯 형님들의 간을 내드리고 마지막으로 제 스스로 목숨을 끊어 뒷산 너럭바위에 간을 널어 둘 터이니 와서 찾아가십시오."

녹디생인은 온 가족을 사지로 몰아넣는 노일저대가 괘씸하고, 노일저대의 계략에 죽어야 하는 형제들과 어리석은 아버지가 불쌍했습니다.

그길로 집을 뛰어나온 녹디생인은 형제들을 찾아가 빨리 도망가자고 말합니다. 형제들이 함께 도망가다가 잠깐 쉬던 중 꿈을 꾸게 됩니다. 꿈에 나타난 여산부인은 지금 내려오는 노루를 위협하면 형제들의 간을 대신할 간을 찾을 수 있고, 또한 살길도 열릴 것이라고 알려 줍니다.

잠에서 깬 형제들은 때마침 그들 앞을 지나가는 노루를 발견합니다. 꿈에서 들은 여산부인의 말대로 일곱 형제는 노루를 잡아 협박합니다. 노루는 멧돼지 일곱 마리가 내려오고 있으니 어미를 뺀 나머지 새끼 여섯 마리를 잡아 간을 내라고 알려 주었어요.

녹디생인은 새끼 멧돼지 여섯 마리의 간을 내어 집으로 돌아가면서 형님들에게 내가 소리를 지르면 달려오라고 당부합니다. 녹디생인은 노일저대를 찾아가 간을 주었지만 노일저대는 먹는 척만 하고 나머지 간을 이부자리 밑에 슬쩍 숨깁니다.

그 모습을 본 녹디생인은 더 이상 참지 않고 노일저대의 머리채를 잡아채고는 그녀가 숨긴 간을 찾아내 보여 줍니다.

"네 이년! 간을 먹었다더니 이것은 대체 무엇이더냐? 너는 대체 어디에서 온 누구이고, 내 어머니를 어떻게 한 것이냐?"

아무것도 모르는 남선비는 노일저대를 감싸며 녹디생인을 야단칩니다. 그러자 녹디생인은 소리쳐 형님들을 불러모으고 도망가는 노일저대를 쫓습니다. 형제들에게 쫓긴 노일저대는 도망치다 목을 매어 자살하고 남선비도 놀라서 도망가다가 정낭*에 목이 걸려 죽게 됩니다.

일곱 형제는 여산부인을 찾아 떠납니다. 어머니가 죽은 강은

* 제주도의 옛날 대문에 걸쳐 놓은 굵은 나뭇가지

너무 깊어 뼈를 찾을 수도 없습니다. 일곱 형제는 하늘에 기도를 드립니다.

상제님, 상제님, 하늘상제님.
일곱 아들이 간절하게 청을 올립니다.
허리 한 번 펴지 못하고 살다가
억울하게 죽은 어머니의 뼈를 찾고 있습니다.
비나이다, 비나이다, 일곱 아들이 간절하게 비나이다.
이대로 보내자니 숨이 막혀 못살겠소.
일곱 아들 목숨 다해 빌 터이니
이 강의 물이 다 마르게 해 주십시오.

일곱 아들의 마음이 하늘에 전해졌나 봅니다. 갑자기 강의 물이 잦아들기 시작하고, 여산부인의 뼈가 보이기 시작합니다. 일곱 형제는 어머니의 뼈를 순서대로 모으고, 그 위에 도환생꽃을 얹습니다. 그러자 여산부인은 긴 숨을 몰아쉬며 일어나 앉습니다.

"아이고! 어머니. 아버지에게 속고 노일저대에 속았으니 마음이 얼마나 시립니까? 물에 그리 오래 계셨으니 몸이 얼마나 시립니까? 이제는 부뚜막에서 하루 세 번 더운 불을 쪼이며 사십시오. 부엌을 지키는 조왕신이 되어 집안 식구들이 밥 잘 먹고 잘살도록 보살피며 사십시오."

여산부인은 이 말을 듣고 나는 조왕신이 될 테니 너희도 집을 지키는 신이 되어 다시는 못된 자가 집 안에 들어오지 못하게 하라고 말합니다.

첫째는 동쪽, 둘째는 서쪽, 셋째는 남쪽, 넷째는 북쪽, 다섯째는 집 중앙, 여섯째는 뒷문을 지키는 신이 되었습니다. 녹디생인은 누구나 드나드는 대문 앞을 지키는 문전신이 되었습니다. 그리고 아버지 남선비는 정낭을 지키는 신이 됩니다.

그러나 노일저대는 남선비의 집에 들어가지 못합니다. 그녀는 뒷간을 지키는 측도부인이 되지요. 노일저대가 집 안을 지키는 신이 되지 못한 이유는 그녀의 행실에 있습니다.

여산부인은 노일저대를 가족으로 받아들였습니다. 하지만 노일저대는 그런 여산부인을 죽이고 그 자리를 대신하려고 했습니다. 또 자신의 존재를 알아차린 일곱 형제마저 죽이려고 했습니다. 왜냐하면 자신의 위치를 아들들이 위협할 것이라고 생각했기 때문이지요. 살인을 하면서까지 누군가를 대신하려고 했던 노일저대는 죽어서 자신의 위치를 찾지 못하게 됩니다.

남선비 가족의 불행은 누구의 책임일까요? 무능력한 남선비의 잘못인가요? 아니면 노일저대의 악행 때문인가요? 노일저대가 없었다면 남선비는 행복하게 살 수 있었을까요?

노일저대가 아니더라도 남선비에게는 위험이 닥쳐왔을 거라고 생각됩니다. 왜냐하면 그는 가장으로서 자신의 위치를 지키기 위한 노력을 하지 않았기 때문이지요. 그리고 자신에게 다가

온 문제도 스스로 해결하지 못합니다. 남선비 집에 닥친 위기는 일곱 아들들이 해결했지요.

남선비는 과업에 성공하지 못하였기에 변화와 성장을 이루지 못하였고, 그로 인해 가장으로서의 자격을 획득하지 못합니다. 따라서 가장으로서의 힘을 잃고 사라져가는 인물로 그려집니다.

이 이야기의 끝은 행복한 결말인가요? 아니면 불행한 결말인가요? 앞에서 말씀드린 것처럼 동양적 사고방식이 결말에 드러납니다.

남선비의 가족들은 후에 집을 지키는 신이 되어 모여 있게 됩니다. 가정을 지키지 못한 남선비나 노일저대도 사라지거나 벌을 받는 것으로 끝나지 않고 집을 지키는 신이 됩니다. 그 이유는 여산부인이 노일저대를 인정하였기 때문이라고 볼 수 있습니다.

남선비의 가족은 서로의 상처를 안고 함께 집을 지키며 살아갑니다. 가정의 불화와 상처를 가진 신들이 집을 지키게 되는 배경에 대해서 생각하게 됩니다.

우리네 전통 뒷간 이야기인 조왕신과 측신 이야기에서 알 수 있듯이 두 신은 사이가 좋지 않아 멀리 떨어뜨려 놓았습니다. 재미있지요? 우리 신화는 이렇게 사람들 가까이 존재하며 삶에서 지켜야 할 것과 경계해야 할 것들을 알려줍니다.

우리는 이 이야기를 통해 내가 살고 있는 집을 지켜 주는 든든한 신이 있다는 것을 알게 되고, 가정을 지키기 위해서 어떤 노력을 해야 되는가에 대해 깨닫게 됩니다.

✦ 우리 신화와 함께하는 토론·논술 활동 ✦

다음은 초·중·고등 교과와 연계하여 논술 및 토론 활동에 활용하면 좋을 자료입니다. 문제의 난이도와 교과에 따라 선택하여 활용하세요.

1 **난이도 ★**, 초등 국어&사회

전통 집의 구조와 현대 집의 구조를 본 후 차이를 설명하고, 집 지킴이 신을 상상하여 '우리집 문전신 이야기'를 만들어 봅시다.

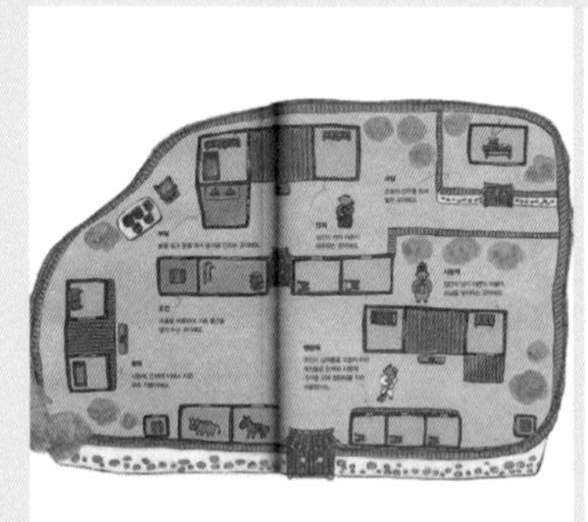

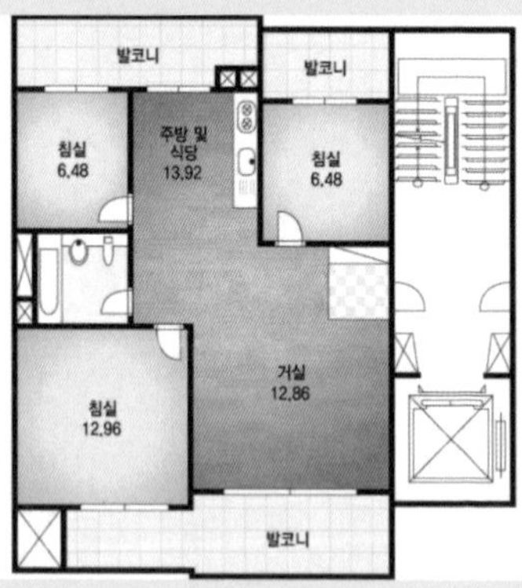

2 난이도★, 초등 사회

집을 지키는 전통 신을 알아보고, 현대의 주거 공간에서 사라진 신에 대해 생각해 봅시다.

우리가 알고 있는 전통 신	이름:
	하는 일:
주거 공간에서 사라진 신	이름:
	하는 일:

3 난이도 ★★, 중등 사회

다음은 남선비와 노일저대 그리고 녹디생인의 행동입니다. 인물들의 행동을 읽고 악한 행동과 그렇지 않은 행동을 구분하고, 악한 행동이라고 생각한 항목에 점수를 주세요. 이밖에도 자신이 생각했을 때 인물의 악한 행동이라고 생각한 것을 적어 봅시다.

(5점: 매우 악한 행동이다 / 4점: 악한 행동이다 / 3점: 보통이다 / 2점: 악한 행동이 아니다 / 1점: 절대 악한 행동이 아니다)

이름	O/X	점수	행동
남선비			가장으로서 무능하여 가족들을 힘들게 했다.
			노일저대의 말을 믿어 재산을 잃고, 여산부인의 죽음을 의심하지 않았다.
			아이들을 죽이는 것에 찬성했다.
노일저대			남선비를 속여 재산을 빼앗았다.
			여산부인을 죽였다.
			일곱 아들들을 죽이려 했다.
녹디생인			멧돼지 새끼를 죽였다.
			노일저대와 남선비를 쫓아 죽음에 이르게 했다.

1. 앞의 표를 바탕으로 선과 악이라고 선택한 이유와 점수를 준 까닭에 대하여 이야기해 봅시다.

4 난이도 ★★, 중등 사회

우리는 어떤 행동에 대하여 선과 악이라고 구분지어 생각합니다. 선과 악을 판단할 때 여러분이 갖고 있는 기준은 무엇입니까?

선이라고 생각하는 행동	1. 2. 3.
선의 기준	
악이라고 생각하는 행동	1. 2. 3.
악의 기준	

5 난이도 ★★, 중등 사회

현대 사회의 선과 악에 대해 생각해 보고, 마더 테레사와 히틀러의 행동을 선과 악으로 나눈 후, 그렇게 나눈 근거를 서술해 보세요. 그리고 선과 악에 대한 자신의 생각을 정리해 봅시다.

인간이 만들어 낸 사랑 인류애人類愛. 인간이기에 할 수 있는 최고의 사랑이자 표현일 겁니다. 욕구를 누를 수 있고 이성적으로 판단할 수 있으며 그것을 실천으로 옮길 수 있는 존재는 지구상 감히 인간밖에 없다고 할 수 있

을 겁니다.

그 인류애를 몸으로 가장 잘 표현한 사람, 테레사 수녀(보통 마더 테레사라고 부릅니다)입니다. (중략) 마더 테레사가 태어나서 생을 마감할 때까지, 그녀의 사랑과 보살핌으로 희망과 빛을 얻은 사람은 우리가 상상하지 못할 정도로 많을 겁니다.

그녀가 수녀원에서 거리로 나와 봉사를 하던 시절, 그녀는 수녀복을 벗고 인도의 흰색 사리를 입었습니다. 흰색 사리는 인도의 여인 중 가장 가난하고 미천한 여인들이 입는 옷이었는데, 수녀복을 입은 그녀의 모습을 '선교'의 뜻으로 오해하고 적대시했던 사람이 많다는 것을 안 그녀가 '순수한 사랑'의 마음을 표현한 일례입니다.

— 출처: 시선뉴스(우리에게 진짜 필요한 것은 관심과 사랑)

히틀러는 1934년 8월 힌덴부르크가 죽자 대통령의 지위를 겸하여, 그 지위를 '총통 및 수상'이라 칭하였다. 명실상부한 독일의 독재자가 된 히틀러는 민주공화제 시대에 비축된 국력을 이용하여 국가의 발전을 꾀하였다. 그리고 외교계·경제계·군부 요인들의 협력을 얻어 외교상의 성공을 거두었고, 경제의 재건과 번영을 이루었으며, 군비를 확장하여 독일을 유럽에서 최강국으로 발전시켰다. 이에 국민은 열광적인 지지를 보냈다.

또한 히틀러는 독일 민족에 의한 유럽 제패를 실현하고 대생존권을 수립하기 위해 제2차 세계대전을 일으켰다. 그의 작전 지령은 효과를 거두어 폴란드에 이어 유럽의 대부분을 점령하였고 프랑스도 독일의 수중에 들어왔다. 이때 독일은 유대인 약 600만 명을 학살하는 만행을 저질렀고, 영국과 미국이 주도하는 연합군의 전투에서 패전했다. 이어 러시아 스탈린그라드에서도 패전한 후 독일의 전세는 급격히 기울어져 패색이 짙어졌다.

— 출처: 두산백과(아돌프 히틀러)

인간의 생명을 관장하는

할락궁이

사람들은 생명을 연장하기 위해 많은 노력을 합니다. 영생을 누리고 싶었던 진시황은 불로초를 구하기 위해 세계 곳곳을 찾았었죠. 사람들의 생명 연장에 대한 욕망은 현대 의학을 발달시켰고, 그로 인해 인간의 기대 수명은 100세까지 이르게 되었습니다.

의학이 발달하기 전, 사람들은 몸에 병이 나거나 건강을 위해서 약초를 구해 섭취했습니다. 이 약초에는 꽃이 피지요? 그렇기 때문에 서천꽃밭의 꽃들은 아마도 약초를 의미하는 것이 아닐까라는 생각이 듭니다.

더불어 신을 모시는 일에는 언제나 종이로 만든 꽃들이 장식

되기도 해요. 꽃은 신의 대리, 영혼이 깃든 사령死靈* 으로 생각하기도 합니다. 아랍인은 태양이 가장 오래 떠 있는 하지를 신비로운 시기라고 생각하며, 이 시기에 딴 식물에는 불가사의한 마법의 힘이 있다고 믿었습니다. 이처럼 꽃은 신화에서 인간의 생사와 관련된 중요한 요소로 나타납니다.

옛이야기에 서천서역국만큼 자주 등장하는 장소가 있을까요? 서천서역국은 옛이야기의 '핫플레이스'입니다. 서천서역국은 문제가 발생했을 때 그것을 해결하기 위해 찾는 곳입니다.

서천서역국으로 향하는 길은 많은 고통이 따르고, 그곳에 다다르지 못하도록 유혹이 다가오기도 합니다. 즉 서천서역국은 간절한 마음과 인내가 있어야 갈 수 있는 곳입니다. 이곳에서 누군가는 부모님을 살리기도 하고, 누군가는 복을 늘리기도 합니다.

사람을 살리는 꽃이 있는 서천서역국. 그곳에 있는 서천꽃밭은 할락궁이가 관리하고 있습니다. 할락궁이는 많은 이야기의 조연으로 출연하고 있습니다. 옛이야기들의 클라이맥스에는 할락궁이가 키우는 꽃들이 문제를 해결합니다. 그런데 이상하게도 할락궁이에 대해 자세히 나온 이야기는 많지 않아요. 그래서 여기서는 할락궁이의 이야기를 해 보려고 합니다.

우리 신화에서 항상 주연을 빛내는 조연으로만 출연한 그는 어떤 사연을 가지고 있을까요?

---

* 죽은 사람의 넋

할락궁이전은 제주도에서 전승되는 〈이공본풀이〉입니다. 이 이야기는 크게 네 부분으로 나누어져 있습니다. 사라도령과 원강아미의 만남으로 시작하여 원강아미와 할락궁이의 수난기, 할락궁이의 아버지 찾아 삼만리, 신이 되는 할락궁이가 그것입니다.

윗녘의 가난한 김정국과 아랫녘의 천하 거부 임정국은 둘도 없는 사이였습니다. 친한 사이인 만큼 이 둘의 근심도 똑같았습니다. 김정국과 임정국은 둘 다 근 삼십이 되도록 자식이 없어 수심이 깊어만 갑니다.

자식 소식을 애타게 기다리던 임정국은 김정국에게 소렴당에 가서 수륙*을 드리자고 합니다. 그러나 김정국은 가난하여 수륙채를 마련하기가 어렵습니다. 자신의 구차한 처지가 면구스럽고, 함께 가겠다는 말을 하지 못한 것에 난감하여 가슴앓이를 합니다. 이런 김정국의 상황을 눈치챈 임정국은 수륙채는 내가 마련할 테니 걱정하지 말고 정성을 다해 기도나 드리자고 제안합니다.

지극정성으로 기도를 올린 끝에 김정국은 아들을 낳고, 임정국은 딸을 낳게 됩니다. 둘은 자식이 생긴 기쁨을 함께 나누며 자식의 혼인을 약속합니다.

세월이 흘러 김정국의 아들 사라도령과 임정국의 딸 원강아미

* 물과 육지의 홀로 떠도는 귀신들과 아귀餓鬼에게 바치는 공양

가 어느덧 열다섯 살이 되었습니다. 하지만 김정국은 자신의 가난한 처지를 생각하니 혼인 이야기를 선뜻 꺼내기가 망설여집니다. 이를 눈치챈 원강아미가 먼저 사라도령과 혼인하겠다고 나서서 마침내 둘은 백년가약을 맺습니다.

행복한 신혼의 단꿈에 젖어 있던 어느 날, 부부는 같은 꿈을 꾸게 됩니다. 사라도령이 일생일대의 고귀한 직책인 꽃감관 자리에 임명되었다는 꿈이었지요. 똑같은 꿈이 계속 반복되어 나타나니 여간 큰일이 아닌 듯합니다. 꿈자리는 뒤숭숭하고 꿈 내용은 알쏭달쏭하니 괜히 신경이 쓰입니다.

그러다가 또 꿈을 꿉니다. 이번 꿈에서는 내일 반드시 떠나라는 지령을 받습니다. 갑작스러운 지령에 놀란 부부. 이를 어찌해야 할까요?

사라도령은 더 이상 거부할 수 없는 하늘의 부름에 떠날 차비를 합니다. 이를 지켜보는 원강아미는 사랑하는 사라도령과 헤어질 생각을 하니 막막하기만 합니다. 원강아미는 사라도령과 헤어져서는 살지 못할 듯합니다. 그래서 사라도령과 함께 떠나겠다고 선언하고 매달리며 고집을 꺾지 않습니다.

부부는 함께 서천꽃밭으로 떠납니다. 하지만 원강아미의 배는 점점 불러 오고, 길은 점점 험해집니다. 인적이 드문 산속에서 먹을 것이 없어 야생초를 뜯어먹으며 지내던 중 대궐 같은 천년장자의 집을 발견합니다. 하루라도 묵어 볼까 하여 천년장자의 집을 두드렸지만 손님을 받지 않는다는 야속한 대답만 들려옵니다. 제발 하루만 묵게 해 달라고 간청하였지만 사정을 봐주지 않습니다.

천년장자는 문밖에서 들려오는 시끌시끌한 소리에 짜증이 납니다. 그래서 문 앞으로 달려가 왜 손님을 받았냐면서 종에게 호통치고 빨리 내쫓으라고 명령합니다. 천년장자를 본 원강아미는 마지막 기회라고 생각하면서 천년장자의 옷자락을 붙들며 자신이 이 집의 종이 될 터이니 우리 내외를 받아달라고 애원합니다. 천년장자는 원강아미를 보고 이를 허락합니다.

원강아미와 사라도령은 해가 뜨면 헤어져야 하기에 서로에게 애틋합니다. 그런데 천년장자는 부부의 마음을 모른 척하고 원강아미는 행랑채에, 사라도령은 사랑채에서 묵으라고 합니다. 천년장자의 명령에 원강아미는 꾀를 내어 부부가 이별할 때는 한방에 거처하는 풍습이 있다고 말하지요.

마지막 밤을 함께 보내면서 원강아미는 사라도령에게 아이의 이름을 지어달라고 부탁합니다. 이에 사라도령은 아들을 낳으면 '할락궁이'로, 딸을 낳으면 '할락댁이'라고 부르라고 합니다.

그리고 이름과 함께 자신의 자식이라는 증표로 얼레빗 반쪽을 남깁니다. 얼레빗은 마음을 정갈하게 정돈한다는 의미도 있고, 만드는 재료에 따라 건강을 지키고 귀신을 막는다는 의미가 담겨 있다 고 합니다. 이름을 남긴다는 것에서도 의미를 찾을 수 있습니다. 이름이 있다는 것은 사회적으로 인정받는 존재임을 의미합니다. 그렇기 때문에 이름을 짓는 행위는 사회적 존재의 생성이라고도 볼 수 있습니다.

할락궁이, 할락댁이라는 이름의 뜻을 살펴보면, '할락'은 '한라산'을 지칭하고, '궁'은 '신전'을 의미합니다. 마지막으로 '이'는 이 장소를 관리하는 '사람'을 말합니다. 즉, 할락궁이는 '제주의 신전을 지키는 이'라는 의미를 담고 있습니다.

사라도령은 서천서역국에 도착하여 꽃감관 자리에 오릅니다. 그런데 꽃감관이 되기 위해서는 이승의 것은 모두 지워야 한다는 조건이 있습니다. 왜냐하면 꽃감관은 천상계의 신으로 사람으로서의 모든 것을 포기해야 하기 때문입니다. 사라도령은 원강아미와 자식을 다시 볼 수 없다는 사실에 매우 슬퍼합니다. 사라도령이 후회와 고통의 시간을 보내고 있을 때 원강아미는 천년장자의 종살이로 고통을 받습니다.

여기에서 1부 할락궁이 부모님의 러브스토리는 끝이 납니다. 신화에 등장하는 신들은 인간으로 태어나 갖은 고생을 극복하고 난 후 비로소 신이 됩니다. 그런데 지금까지는 사라도령보다 원강아미의 시련이 더 커 보입니다. 원강아미의 시련은 할락궁이의 시련으로 이어집니다. 1부 할락궁이 가족의 시련은 할락궁이가 신이 되기 위한 워밍업이라고도 볼 수 있습니다.

원강아미는 천년장자의 집에서 아이를 낳게 됩니다. 천년장자는 그녀를 아내로 맞고자 호시탐탐 노립니다. 원강아미는 할락궁이가 노래도 부르고 죽마를 타고 놀며 지게도 지고 밭도 갈게 될 때 재가를 하겠다고 미룹니다. 이때부터 시작된 모진 고생길은 10년 동안 계속됩니다.

열 살이 넘은 할락궁이는 오늘도 힘들게 나무 쉰 바리를 해서 짊어지고 옵니다. 그런데 낯선 노인들이 할락궁이를 보고 왜 아버지를 찾지 않느냐고 물으면서 곧 흰 사슴을 만날 터이니 그것을 타고 아버지를 찾으라고 말합니다.

노인의 말대로 흰 사슴을 만나게 된 할락궁이는 우선 흰 사슴을 숨기고 원강아미에게 아버지의 행방을 묻습니다. 할락궁이의 질문에 당황한 원강아미는 천년장자가 너의 아버지라고 거짓말을 합니다.

어머니의 말을 더 이상 믿을 수 없었던 할락궁이는 콩 한 되를 볶아 달라 청하고, 콩을 볶는 원강아미의 손을 뜨거운 솥에 눌러 아버지에 대한 진실을 듣게 됩니다. 원강아미는 사라도령 이야기를 들려주면서 아버지를 찾아 떠나라고 합니다.

할락궁이가 집을 떠난 사실을 알게 된 천년장자는 원강아미를 고문하고 사지를 잘라 청대밭에 던져 버립니다. 남편과 자식을 떠나보낸 원강아미는 청대밭에 홀로 뿌려져 까마귀밥이 됩니다.

아버지를 찾아 떠난 할락궁이는 강물을 건넙니다. 그런데 갑자기 강물의 색이 뽀얀 물에서 노란 물로, 노란 물에서 빨간 물로 바뀝니다. 할락궁이는 물살을 헤쳐 나가면서 자신의 피 세 방울을 강물에 흘려보냅니다.

서천서역국에서 일하는 동자들이 강물을 떠서 꽃밭에 물을 주자 꽃들이 시들어버립니다. 동자들은 시들어버린 꽃들을 보고

당황하며 꽃감관에게 이를 고합니다. 동자들의 이야기를 듣고 원인을 확인하고자 꽃밭으로 내려온 사라도령은 할락궁이를 만납니다. 드디어 아버지를 만난 할락궁이는 아버지가 지어준 이름과 증표로 남긴 얼레빗을 보여 줍니다.

아들을 만난 기쁨도 잠시, 사라도령은 원강아미가 죽었다는 사실을 할락궁이에게 전하면서 생명을 살리는 꽃과 생명을 죽이는 꽃을 줍니다. 어미를 살리고 천년장자에게 복수하라는 의미겠지요. 할락궁이는 미움과 슬픔의 마음을 안고 천년장자의 집으로 돌아갑니다.

천년장자의 집에 도착하자 할락궁이를 본 천년장자는 호통을 칩니다.

"네 이놈! 이제야 찾아오다니 괘씸하구나. 너희 어머니는 사지가 잘려 청대밭에 버려져 까마귀밥이 되었다. 이제 너를 죽일 터이니 어미와 함께 저승길에 오를 생각이나 하거라."

할락궁이는 천년장자에게 서천서역국에서 보기만 해도 천 년을 사는 신기한 꽃을 가져왔으니 보여 주겠다고 합니다. 천 년의 수명에 이른다는 말에 혹한 천년장자가 꽃을 보겠다고 하자 할락궁이는 웃음꽃, 눈물꽃, 싸움꽃, 서로를 먹게 되는 수레멸망악심꽃을 차례로 보여 주며 고통을 줍니다. 천년장자는 웃음꽃을 보고 고통스럽게 웃고, 눈물꽃을 보고 고통스럽게 눈물을 흘립니다. 그리고 싸움꽃을 보고 친척들과 싸우면서 서로를 죽입니다.

천년장자의 죽음을 지켜본 할락궁이는 원강아미의 시신이 뿌려진 청대밭을 찾습니다. 원강아미를 살리기 위해 환생꽃, 뼈오를꽃, 살오를꽃, 오장육부생길꽃을 꺼내 가지런히 모아 놓고 때죽 나무 회초리를 세 번을 쳐서 원강아미를 살려냅니다.

살아난 원강아미는 할락궁이와 함께 서천꽃밭으로 가서 사라도령과 재회하며 기쁨의 눈물을 흘립니다. 사라도령은 꽃감관 자리를 할락궁이에게 넘기고 원강아미와 행복하게 살았다고 합니다.

아버지의 뒤를 이어 꽃감관이 된 할락궁이는 수레멸망악심꽃을 없애버립니다. 이 꽃은 사람을 죽일 수 있어 누군가의 복수를 위해 이용될 가능성이 있기 때문입니다.

사라도령과 원강아미, 할락궁이의 이야기는 천년장자 집에서 살던 사람들에 의해 널리 퍼졌습니다. 그리고 그때부터 아버지의 일을 아들이 이어 하는 것이 미덕이 되었다고 합니다.

할락궁이 이야기는 사라도령과 원강아미의 사랑, 할락궁이가 아버지를 찾는 과정, 그리고 꽃감관이라는 신직神職*을 이해하는 과정으로 구성되어 있습니다.

할락궁이가 원강아미를 살리고 수레멸망악심꽃을 없애는 것은 꽃감관이라는 신직을 이해하는 과정이라고 볼 수 있습니다. 이 과정을 통해 꽃감관이라는 직책이 갖는 무거움과 소중함을

* 신의 직책

알게 된 것이지요.

인간의 죽음과 고통을 모두 경험한 할락궁이는 천년장자를 죽이고 어머니를 살리는 과정에서 복수가 아닌 죄에 대한 벌을 정확하게 이해할 수 있었습니다. 이런 깨달음을 얻은 할락궁이는 사라도령보다 꽃감관 자리에 더 적합한 인물인 것 같습니다.

우리 신화와 함께하는 토론·논술 활동

다음은 초·중·고등 교과와 연계하여 논술 및 토론 활동에 활용하면 좋을 자료입니다. 문제의 난이도와 교과에 따라 선택하여 활용하세요.

1 난이도 ★, 초등 국어

행복을 생각하면 떠오르는 것을 적어 보고, 공통점을 말해 보세요. 그리고 행복에 대한 명언을 만들어 봅시다. (낱말, 인물 모두 가능)

2 난이도 ★★, 중등 사회

다음 글을 읽고 좋은 대학을 가기 위해 공부를 우선해야 된다는 것에 대해 생각해 보고 논술해 봅시다.

> 미래의 행복을 위해 현재를 포기하는 것. 그것이 얼마나 어리석은 일인지를 깨닫는 데 너무나 많은 눈물을 쏟았소. 이제 난 지금의 행복을 좇기로 했소.
>
> ―《신과 함께》 중에서

3 난이도 ★★★, 고등 시사 논술

다음 내용에서는 행복에 대하여 "becoming에 눈을 두고 살지만, 정작 행복이 있는 곳은 being이다."라고 말하고 있습니다. 사라도령과 여러분의 becoming와 being를 적어 봅시다.

논문에 따르면 유엔이 발표한 세계 행복지수에서 한국은 155개국 중 55위(2017년)였다. 2015년 47위에서 더 떨어졌다. 한국인의 행복지수를 떨어뜨린 요인 중 삶의 자기 결정권을 뜻하는 '생애 선택 자유'가 127위로 매우 낮은 것이 눈에 띄었다.

그러나 "행복은 기쁨의 강도가 아니라 빈도다Happiness is the frequency, not the intensity, of positive affect"라는 미국 에드 디너 교수의 정의를 받아들이면 쓸데없는 패배감에서 벗어날 수 있다. 이 정의를 소개한 연세대 서은국 교수는 저서 《행복의 기원》에서 이렇게 설명했다.

"becoming(~이 되는 것)과 being(~으로 사는 것)의 차이는 상당히 크다. 재벌집 며느리가 되는 것(becoming)과 그 집안 며느리로 하루하루를 사는 것being은 아주 다른 얘기다. 고교생은 오직 대학을 가기 위해, 대학생은 직장을 얻기 위해, 중년은 노후 준비와 자식의 성공을 위해 산다. 많은 사람이 미래에 무엇이 되기 위해 전력 질주한다. 이렇게 becoming에 눈을 두고 살지만, 정작 행복이 있는 곳은 being이다."

- 한현우, '행복은 기쁨의 강도가 아니라 빈도다', 조선일보

	becoming	being
사라도령		
나		

4 난이도 ★★★, 고등 시사 논술

'돈이 많아야 행복하다'에 대하여 친구들과 의견을 나누고, 내 생각을 적어 봅시다.

노벨경제학상 수상자로 선정된 앵거스 디턴 프린스턴대 교수는 돈과 행복의 상관관계에 대한 연구를 하고, 2010년 프린스턴대 동료인 대니얼 카너

먼 교수(2002년 노벨경제학상 수상자)와 함께 미국 과학학술원지PNAS에 소논문을 발표했다.

2008~2009년 미국 전역 45만 명을 대상으로 한 갤럽 설문조사를 토대로 통계를 돌려봤더니 '소득이 높아질수록 삶에 대한 만족도는 계속 높아지지만, 행복감은 연봉 7만 5,000달러(8,500만 원)에서 멈춘다'는 것이다. 쉽게 말해 연봉이 5,000만 원에서 6,000만 원, 6,000만 원에서 7,000만 원으로 높아질 때는 돈의 액수와 비례해 행복감도 높아진다. 하지만 연 8,500만 원 이상을 벌게 되면 연봉이 9,500만 원, 1억 원이 돼도 더 행복해지지 않는다는 것이다.

하지만 디턴·카너먼의 연구 결과를 이렇게 단편적으로 이해해선 안 된다는 지적도 있다. 연구의 근간이 된 갤럽 조사는 행복이라는 개념을 '삶에 대한 만족도life evaluation'와 '행복감emotional well-being'으로 나누어 물어봤다. 삶에 대한 만족도는 '지금 나의 삶에 전체적으로 만족하는가'를 물은 것이다. 만족도 부문에선 소득이 늘수록 계속 높아진다는 결과가 나왔다. '7만 5,000달러 한계설'은 행복감 부문에서 나온 것이다. 사람에 따라서는 만족도가 더 정확한 행복의 척도일 수도 있다. 그렇게 보면 돈이 많으면 많을수록 더 행복하다는 얘기가 된다.

디턴과 카너먼은 논문에서 "만족도는 주로 개인의 사회·경제적 지위에 좌우되는 반면 행복감 척도는 개인의 사사로운 감정을 표현해 주기 때문에 행복의 개념을 이 두 가지로 구분하는 게 유용하다"고 밝혔다. 이런 사족도 달았다. "10만 달러를 벌던 사람이 15만 달러를 벌게 됐는데 (7만 5,000달러 한계치를 넘었기 때문에) 하나도 더 행복하지 않다는 얘기가 아니다. 우리 연구 결과는 어느 정도 안정적인 소득을 얻게 되면 그 후로는 행복이 돈 이외의 요소에 영향을 받을 확률이 높아진다는 뜻이다."

- 박성우, '돈 많다고 행복? 일정 소득 넘으면 행복감은 제자리', 중앙SUNDAY

토론 주제	돈이 많아야 행복하다			
나의 생각 (토론 전)	찬성		반대	
친구들의 생각	찬성		반대	
나의 생각 (토론 후)	찬성		반대	

삶의 터전에 의미를 부여하는

궤네깃또

궤네깃또. 많이 들어보셨나요? 강림도령이나 오늘이, 바리데기 같은 신들보다는 지명도가 다소 떨어지는 신입니다. 궤네깃또는 오로지 자신의 이야기에만 등장합니다. 그 어떤 신보다 과격하고 업적도 많이 남긴, 그야말로 상남자라고 볼 수 있습니다.

궤네깃또는 바다와 대륙을 접수하고, 제주로 다시 돌아와 '감녕'이라는 작은 마을을 보살핍니다. 업적으로 따지자면 천지왕과 비슷한 정도는 되어야 하는데 작은 지역을 다스리는 신이 된 것이 어째 이상하지요?

'궤네깃당'은 제주 감녕리 마을에 위치한 제단입니다. '궤네깃한집'이라고 부르기도 하고, 현지에서는 '궤네깃당'이라 부른디

고도 합니다. 감녕의 신인 궤네깃또는 돼지 한 마리를 통째로 받아먹는 신입니다. 그래서 사람들은 돼지 한 마리를 잡아 제물*로 올려 제사를 지낸다고 합니다.

일제 강점기까지 이어지던 제의(제사) 풍습은 미신타파 운동**으로 사라졌고, 근래에는 2~3년에 한 번씩 정월달(음력 1월)에 각 가정에서 제를 지내는 풍습으로 자리잡았습니다. 사람들은 이러한 제의를 통해 가정의 무탈***과 평화를 기원합니다.

한 지역에만 존재하는 신이 있다니 신기하지요? 신들은 나라 혹은 우주, 하늘, 땅을 다스리니까요. 하지만 관점을 바꾸면 자신의 지역을 지키는 신이 있는 감녕은 특별한 지역이라고 생각됩니다.

우리가 살고 있는 지역에는 어떤 신이 있을까요? 아예 존재하지 않았던 것인지 혹은 보존되지 않아 잊힌 것인지 궁금합니다.

제주 감녕신인 궤네깃또 이야기를 통해 한 신의 여정을 살펴보는 것도 충분히 재미있지만 지역의 고유한 문화를 보존하는 것이 어떤 의미인지도 생각해 볼 수 있습니다.

해동국 제주 섬 송당리 마을에서 소천국이라는 사내아이가,

---

* 제사 지낼 때 바치는 물건이나 짐승 따위

** 미신을 부정적인 관습이라고 생각하고, 이를 깨뜨려 버리기 위한 사회 운동이다. 제주특별자치도에서 일제 강점기부터 시작되어 1970년대 새마을 운동 기간에 본격화된 미신 타파 운동은 당신앙을 크게 약화시키는 계기가 되었다.

*** 병이나 사고가 없다.

남쪽 나라의 한 마을에서 백주또라는 여자아이가 한날한시에 태어났어요.

소천국과 백주또는 원래 땅속 나라 신이었습니다. 이 둘은 눈을 떴는지 감았는지도 모르게 만드는 어둠이 너무 싫어서 땅속 나라를 벗어나기 위해 백 년 동안 밝은 세상에서 태어나게 해 달라고 기도드렸습니다.

소천국과 백주또는 밝은 세상에서 태어나 건강하게 자라서 부부의 연을 맺습니다.

그런데 아들 다섯을 낳고 여섯째가 뱃속에 있을 때까지 소천국은 빈둥빈둥 놀기만 하네요. 게다가 먹기는 얼마나 많이 먹는

지 앞날이 걱정됩니다. 이제 아이도 여섯이나 되는데 백주또는 먹고살 길이 막막했습니다.

"소천국님아, 아이들도 자라고 배도 점점 불러오는데 앞으로 무엇을 먹고 살아야 할까요? 아이들을 기를 생각을 하니 막막합니다. 이제 그만 놀고 농사를 지어 보십시오."

소천국은 백주또의 말을 듣고 농사를 짓기 시작합니다. 어느 날 길을 가던 스님이 농사일을 하는 소천국에게 배가 고프니 먹고 남은 점심이 있으면 좀 달라고 청합니다. 소천국은 스님이 먹어봤자 얼마나 먹겠냐고 생각하면서 자기가 싸온 점심을 줍니다. 그런데 이게 어찌된 일인가요? 스님은 밥 아홉 그릇과 국 아홉 그릇을 모두 먹고 가 버립니다.

일을 하다가 허기가 진 소천국이 점심을 먹으려고 보니 음식이 남아 있지 않습니다. 배가 고픈 소천국은 밭 갈던 소를 때려잡아 구워 먹고, 저 멀리 풀을 뜯고 있는 암소도 잡아 먹어 버립니다.

이를 알게 된 백주또는 소도둑과 살 수 없다며 화를 내고 헤어지자고 합니다. 부부는 헤어졌지만 달이 차니 아이는 태어납니다. 백주또는 여섯째 아들을 낳아 궤네깃또라고 이름을 지었습니다.

제주는 아직 수렵과 채집 생활을 하던 자연 그대로의 모습이지만 육지는 문명이 들어와 농경 사회를 이루어 가고 있었습니다. 백주또가 육지에서 제주로 들어온 것은 제주에 문명이 들어

왔다는 것으로 해석할 수 있습니다.

하지만 자연과 문명은 조화되기 어렵습니다. 그런 이유로 자연과 문명은 결국 결별을 하고 각각 따로 떨어져 살게 됩니다. 현재 제주도는 지역감정이 존재한다고 해요. 지역 간에 서로 안 좋은 감정을 가지고 있다는데 백주또 지역과 소천국 지역에서부터 비롯되었다는 말이 나오기도 합니다.

궤네깃또는 다섯 살이 되자 아버지가 보고 싶습니다. 어머니를 졸라 아버지가 사는 곳을 알아내어 아버지를 만나러 갑니다. 아이는 아버지의 무릎에 앉아 수염을 잡아당기며 가슴을 칩니다. 소천국은 그런 아이의 행동이 마음에 들지 않아 아이를 돌궤짝에 넣고 자물쇠를 잠가 동해 바다에 던져 버립니다.

돌궤짝은 물 위에서 3년, 물 아래에서 3년 동안 떠다니다가 용궁의 산호 가지에 걸립니다. 용왕국 대왕은 갑자기 이상함을 느껴 첫째와 둘째, 셋째 딸을 차례대로 보내 알아보라고 합니다. 큰딸과 둘째 딸은 아무것도 찾지 못했지만, 셋째 딸은 돌궤짝을 발견하고 내려놓습니다. 석함 안에는 옥 같은 도령이 책을 한상 가득 받고 앉아 있습니다.

용왕은 궤네깃또를 천하명장으로 여기고 딸 중 한 명과 결혼시키고 싶어합니다. 궤네깃또는 셋째 딸을 배필로 선택합니다. 사위를 맞느라 정신없는 용왕님. 매일 돼지와 소를 잡아먹는 사위 덕분에 용왕 살림이 거덜나게 생겼습니다. 용왕은 막내딸과 사위를 돌궤짝에 태워 육지로 보내기로 합니다.

돌궤짝이 강남천자국 백모래밭에 다다르자 나라에 풍운조화* 가 일어나기 시작합니다. 이를 상서롭게** 여긴 천자는 봉사를 시켜서 점을 쳤습니다. 봉사는 석갑 문을 열려면 천자가 의관을 차려입고 향을 피운 뒤 북방으로 네 번 절을 드려야 한다고 말합니다. 천자가 정성껏 예를 갖추고 네 번 절을 올리자 무쇠 문이 열리며 옥 같은 도령과 아기씨가 나타납니다.

오래전부터 북쪽에는 천자국을 차지하려는 오랑캐가 있었습니다. 때마침 오랑캐가 쳐들어오자 천자는 궤네깃또에게 무기와 병사를 내어줍니다. 천자는 전쟁에서 큰 공을 세운 궤네깃또에게 천자국에서 살라고 권유하지만, 그는 다섯 살 때 헤어진 부모님이 보고 싶어 제주로 돌아가겠다고 정중히 거절합니다.

여기에서 '궤네깃또는 왜 용궁에서 제주로 바로 가지 않았을까?'와 '왜 천자국에 남지 않고 제주로 돌아갔을까?'라는 의문점이 생깁니다.

궤네깃또는 자연과 문명의 조화라고 볼 수 있습니다. 하지만 제주는 자연과 문명의 갈등이 진행 중이며, 아직은 자연의 힘이 더 우세한 곳입니다. 제주에는 소천국(자연)과 백주또(문명)라는 권력이 양립하고 있습니다. 양립은 둘 중 하나가 승리하여 장악하는 것이 일반적인 흐름입니다.

---

* 바람이나 구름의 예측하기 어려운 변화

** 복되고 길한 일이 일어날 조짐

궤네깃또는 통합을 목적으로 두고 있는 새로운 세력입니다. 하지만 궤네깃또는 통합할 힘이 없습니다. 게다가 자연과 문명이 양립되어 있는 제주의 구조에서는 자신의 세력을 키우기가 어렵습니다. 궤네깃또가 제주 밖으로 떠난 이유는 제주 바깥에서 힘을 키워야 제주를 통합할 수 있기 때문이라고 추정할 수 있습니다.

제주가 아직까지 자연 그대로의 삶을 간직하고 있다면 이런 신화는 존재하지 않겠지요. 하지만 제주에 농경 사회라는 문명이 들어오고 자연과 조화롭게 유지되고 있기 때문에 이런 신화가 생겨난 것이 아닐까요?

한편 제주 섬에 있는 소천국과 백주또는 여섯째 아들이 군사와 하인을 데리고 온다는 소식을 듣습니다. 이를 본 소천국과 백주또는 궤네깃또가 자기를 버린 것에 대한 원한을 풀러 온다고 생각했어요.

그들은 무서워 벌벌 떨면서 도망간다고 정신이 없습니다. 소천국은 송당리 뒷산으로 도망치다 다리가 걸려 넘어지면서 바위에 머리를 부딪쳐 죽고 말아요. 백주또 또한 송당리 앞산으로 달아나다가 치맛자락에 발이 걸려 넘어져 죽습니다.

부모님을 보고 싶어 제주로 돌아왔더니 부모님은 자기를 보고 놀라 도망치다 죽은 셈이죠. 궤네깃또는 큰 슬픔에 잠깁니다. 그래서 큰굿을 하여 부모님을 위로합니다. 그 뒤 궤네깃또는 군사와 하인을 남쪽 나라로 돌려보내고 아내와 함께 제주를 구경하며 쓸쓸하게 보냅니다.

그러던 어느 날, 감녕리라는 마을을 보니 세상에 제일가는 명당터라 생각하여 죽을 때까지 머무릅니다. 궤네깃또는 살아서는 궂은일을 하며 감녕 사람들을 돌보고, 죽어서는 풍운조화를 일으켜 가뭄을 막고 풍랑을 막아 감녕 사람들을 돌봅니다.

사람들이 궤네깃또를 찾아와 무엇을 잡수냐고 묻자 그는 소와 돼지를 먹는다고 대답합니다. 제주 사람들은 가난하여 소는 어렵고 돼지를 잡아 모시겠다고 말합니다. 그리하여 사람들은 '알궤네기'에 자리를 고르고 1년에 한 번 돼지를 잡아 소천국 아들 궤네깃또를 당신堂神(신당에 모신 신)으로 모시게 됩니다.

부모에게서 버림받은 궤네깃또. 자식을 보고 도망치다가 죽은 부모님. 궤네깃또의 삶은 매우 안타깝습니다. 하지만 앞에서 설명했던 것처럼 자연과 문명의 측면에서 바라보면 이는 과거 원시적인 생활 형태가 지나가고 새로운 문명의 시대가 다가오는 것과 같습니다. 그 새로운 문명은 자연적인 삶과 문명의 삶이 조화된 형태입니다.

궤네깃또가 돼지를 먹는 것은 아버지에게서 이어진 자연적인 태도의 대물림이라고 볼 수 있으며, 용궁과 천자국의 여정을 거쳐 제주로 온 것은 자연친화적인 존재를 받아들이고, 문명을 흡수하는 행위로 볼 수 있습니다.

여기에서 궤네깃또가 아버지의 제사를 지내는 행위는 매우 중요하다고 볼 수 있습니다. 이는 지나간 과거를 버리지 않고 새긴다는 것으로 보존이라고도 볼 수 있습니다.

제주 사람들은 자신들의 지역에 신비로운 힘이 있다고 믿었고, 이러한 생각이 신화에 그대로 반영되어 있습니다.

오늘날 도시에서 살고 있는 사람들을 '고향이 없는 사람들'이라고 하지요? 고향은 자신이 태어나서 자란 곳입니다. 지역은 단순히 땅을 의미하는 것이 아닌 나의 이야기가 간직되어 있는 장소를 말하는 것입니다. 그렇기 때문에 항상 변화하는 도시는 나의 이야기가 사라지는 곳, 즉 나의 고향이 없어지는 곳을 의미하기도 합니다.

그래서인지 변화를 거듭하는 도시에서 살고 있는 사람들은 자신이 살고 있는 지역에 대해 점점 관심을 갖지 않지요. 사람이 살고 있는 '터'가 인간의 삶에 굉장히 큰 영향을 주는데도 불구하고요. 지금 내가 살고 있는 곳과 나의 삶에 대해 생각해 볼 필요가 있습니다.

어떤 마을에 신화가 있다고 하면 그 사실만으로도 마을 사람들의 지역에 대한 애착과 자긍심을 엿볼 수 있습니다. 같은 맥락에서 궤네깃또 신화는 감녕리 마을 사람들의 자긍심을 확인할 수 있는 신화이기도 합니다.

내가 살고 있는 곳에 어떤 의미를 부여하느냐에 따라 장소는 다른 의미를 갖게 됩니다. 여러분은 어떤 특별한 이야기가 있는 곳에 살고 있습니까? 이야기가 없다면 자신의 고장을 지키는 신을 상상하면서 새로운 신화를 만들어 보는 것은 어떨까요?

우리 신화와 함께하는 토론·논술 활동

다음은 초·중·고등 교과와 연계하여 논술 및 토론 활동에 활용하면 좋을 자료입니다. 문제의 난이도와 교과에 따라 선택하여 활용하세요.

1 난이도 ★, 초등 국어

우리 주변의 한 장소를 선택하여 신화를 만들어 봅시다.

장소	
시간	
주인공	
갈등 상황	
갈등 원인	
갈등 해결 방법	

2

난이도 ★, 초등 사회

기후는 인간의 삶에 어떤 영향을 줄까요? 기후와 인간의 삶에 대하여 생각해 보고 다음의 표를 만들어 봅시다.

	아프리카	노르웨이
주거 환경		
음식		
의복		

3

난이 ★★, 중등 사회

내가 살고 있는 지역의 자연환경을 소개하고, 자연환경은 우리의 생활에 어떤 영향을 주는지 논술해 봅시다.

4

난이도 ★★, 중등 사회

제주의 소천국과 남쪽 나라에서 온 백주또가 결합하여 태어난 궤네깃또는 다문화 가정이라고 볼 수 있습니다. 여러분은 서로 다른 문화를 가진 사람들이 살아가기 위해서 필요한 것은 무엇이라고 생각하나요? 이에 대해 이야기해 봅시다.

5 난이도 ★, 초등 사회

다음의 사진은 미국에 있는 코리아타운과 한국에 있는 차이나타운입니다. 같은 나라 이민자들이 모여서 사는 타운이 형성된 이유에 대해 이야기해 봅시다.

6 난이도 ★★, 중등 사회

다음 글에서 글쓴이가 "중국 동포의 고유 공간이 타국인에게 폐쇄적인 문화 구조로 마음을 닫게 하는 공간이 되어서는 안 될 것이다."라고 말한 까닭에 대해 이야기해 봅시다.

대림동 중앙시장을 들어서면 거리를 장식하는 생소한 식료품은 물론 연변 찹쌀순대나 중국식 만두, 마파두부, 전병, 양꼬치 등 중국의 순수 음식이 판매되고 있으며, 한자로 표기된 강렬한 붉은 색 치장의 간판은 이국적인 느낌을 자아낸다. 문득문득 보이는 한국어가 반가운 반면 여기가 한국인지

중국인지 혼돈케 한다.

대림동은 국내 중국 동포들의 '만남의 장소'로 활용되기도 한다. 주말이면 경기, 인천 등 수도권에 흩어져 생활하는 동포들이 모여든다. 장기체류를 위한 각종 자격증 학원은 물론, 일자리 알선 기관 등 일련의 체류에 필요한 충분조건을 갖췄기 때문이다.

중국 동포의 고유 공간이 중국인들 사이의 관계가 돈독해지게 만드는 반면 내국인이나 타국인에게 폐쇄적인 문화 구조로 마음을 닫게 하는 공간이 되어서는 안 될 것이다. 이는 단지 낯선 서로의 문화를 이해하는 긍정적인 공간으로 자리잡아야 한다.

타지에서의 삶을 영위하는 중국 동포들에게 고향의 그리움을 달래 주고 새로운 삶의 터전으로 뿌리내린 공간이 허무하게 붕괴되지 않으려면 이곳을 사랑하는 중국 동포 스스로 가치를 되살리는 지혜가 요구된다. 나아가 코리안 드림 이전에 내 나라 내 조국임을 가슴 깊이 인식하는 자세가 필요하다.

— 이길연 다문화평화학회 회장

4부

저승에서 이승까지

저승 차사가 된

강림도령

우리 옛이야기에 단골로 등장하는 인물인 저승사자 이야기에 대해 알아보려고 합니다. 저승사자는 우리 민간 신앙에서 사람이 죽으면 저승으로 데리고 간다는 염라대왕의 차사* 입니다.

우리는 보통 저승 차사를 상상할 때 검은 두루마기에 갓을 쓰고 얼굴이 하얀 선비 정도로 상상합니다. 오래전 TV에서 방영한 〈전설의 고향〉에서 저승 차사를 이렇게 표현한 것이 많은 사람들에게 영향을 주었다고 합니다.

하지만 본풀이에서 등장하는 저승 차사는 군졸의 모습을 하고

---

* 죄인을 잡으러 나가는 일을 하는 옛 관직의 이름

있습니다. 도포를 입은 관리가 아니라 군인의 모습을 하고 있는 것입니다. 강림은 원래 김치고을 원님의 차사였지만 저승대왕 염라의 마음에 쏙 들어 저승 차사가 되었다고 해요.

이승에는 법이 있고 그 법을 지키지 않으면 벌을 받게 됩니다. 그런데 사람이 죽으면 가는 곳인 저승에서도 이승에 살았을 때 했던 행동들에 대해 다시 평가한다고 합니다.

저승은 완벽하게 공평한 곳입니다. 이승에는 권력자도 있고, 부자도 있어서 힘없는 사람들이 부당하게 억울한 일을 당하기도 하지만 저승에는 부자도 가난한 자도 없고 돈도 권력도 필요 없습니다. 죽음 자체가 모든 사람에게 공평하게 주어진 것이니 저승이 공평한 것은 당연한지도 모르겠습니다.

저승의 재판을 받기 위해서는 죽은 영혼들을 저승 재판장으로 데리고 와야 합니다. 그래서 사람의 목숨이 다하면 저승 차사들이 그 사람에게 오는 것이지요. 그리고 저승으로 데리고 갑니다.

주호민의 만화《신과 함께》와 그것을 각색한 동명 영화는 우리 신화 속 저승 이야기를 실감나게 보여 주고 있습니다. 저승시왕들 앞에서 재판을 받으며 여러 지옥을 지나게 되는 주인공의 이야기가 만화가와 영화감독의 멋진 상상력으로 현실처럼 살아나게 된 것입니다. 결코 살아 있는 사람이 경험해 볼 수 없는 저승 이야기라 더욱 흥미진진했을 것입니다.

염라대왕이 다스리는 저승은 이승에서 어떤 죄를 지었느냐에 따라 가야 하는 지옥과 받아야 하는 벌이 다릅니다. 부모에게 나쁜 짓을 한 사람을 벌하는 '천륜 지옥', 게으르게 산 사람에게 벌을 주는 '나태 지옥', 거짓말을 한 사람이 가는 '거짓 지옥' 등 죄와 벌에 따라 나뉜 지옥에서 사람들은 죄에 합당한 벌을 받고, 벌을 받지 않을 만큼 선한 삶을 살았던 사람은 환생하여 다시 사람으로 태어납니다. 이것은 우리 민족의 내세 사상이 중국 불교의 영향을 받았다는 것을 보여 줍니다. 중국 불교에서 들어온 윤회 사상에 따라 사후 세계에 대한 신화가 정립된 것이지요.

강림도령 이야기는 저승의 이야기와 사람들이 살아가는 이승의 이야기를 왔다갔다 이어줍니다. 〈차사본풀이〉라고 불리며 죽은 자의 원혼을 달래는 굿으로 이어졌지요. 강림도령 이야기를 읽고 있으면 마치 이승과 저승이 하나의 세상인 듯한 착각에 빠지게 됩니다. 결국 강림도령의 행보는 죽음마저도 우리 삶의 일부분임을 인정할 수밖에 없는 것이라고 가르쳐 주고 있습니다.

옛날 동경국에 버무왕이 살았습니다. 버무왕은 남부러울 것 없는 재산에 자식 복까지 있어 일곱 아들을 두었습니다.

행복을 누리던 어느 날, 스님 한 분이 지나가다가 버무왕에게 충고를 합니다. 아래로 세 아들이 사주팔자가 궂어서 정해진 수명이 15년밖에 되지 않으니 법당으로 보내 공양을 시켜 명과 복을 지키게 하라고요.

그 말을 들은 버무왕은 깜짝 놀라 아들들을 살리기 위해 삼 형제에게 스님을 따라가라고 합니다. 사실 이 스님은 큰스님인 대

사스님의 유언에 따라 버무왕을 찾아간 것이었습니다. 큰스님의 유언은 자신이 죽으면 버무왕에게 가서 삼 형제의 운명에 대해 알려 주고, 그들을 데리고 와 절을 지키게 하라는 것이었습니다.

삼 형제는 그날부터 스님을 따라 부처님 앞에서 삽니다. 불공을 드리며 절에서 생활한 지 3년이 되어 가던 어느 날, 난데없이 아버지 어머니 생각이 나고 형님들이 보고 싶어 대성통곡을 합니다. 그리고 법당에 들어가 스님께 부모님을 뵈러 가겠다고 부탁을 드립니다. 스님은 말합니다.

"가는 것은 좋다마는 과양 땅을 조심하거라. 과양 땅은 그냥 지나쳐 버려야 한다. 그렇지 않으면 3년 공양한 것이 다 허사가 되고 마느니라."

삼 형제는 대사님이 주는 물명주와 백비단, 은그릇과 놋그릇을 들고 부모님을 뵙기 위해 동경국을 향해 떠납니다. 하지만 과양땅 근처에서 그만 배가 고파지는 바람에 스님의 당부를 잊고 과양 땅으로 들어가고 맙니다.

옛이야기에는 '금기'라는 장치가 종종 등장합니다. 금기를 어기면 반드시 대가를 치르지요. 조심할 것은 조심하고 지킬 것은 지키며 자신의 삶을 소중하게 만들어가라는 조상의 충고가 보이는 장면입니다. 삼 형제가 어떤 과정을 거쳐 다시 그 운명을 극복해 나갈지 궁금해지기 시작합니다.

삼 형제는 결국 문제의 과양생이 집으로 가게 됩니다. 문을 두드리며 먹을 것을 날라고 부탁하시요. 욕심 많은 과양생이는 스님들이 공짜 밥을 먹으러 왔다고 생각하고는 내쫓으려 하지만 그들이 들고 있는 비단이며 명주가 탐이 나서 삼 형제를 집에 들입니다.

과양생이는 탐내던 물건들을 차지하기 위해 삼 형제에게 술을 권합니다.

"이 술 한 잔 드십시오. 한 잔을 먹으면 천 년을 살고, 두 잔을 먹으면 만 년을 살고, 석 잔을 먹으면 9만 년을 삽니다."

삼 형제는 명과 복이 이어진다는 말에 한 잔 두 잔 마시다가 술에 취해 쓰러지고 맙니다. 쓰러진 삼 형제의 재물을 차지하기 위해 과양생이는 3년 묵은 참기름을 졸여 삼 형제의 귀에 부어 죽이고 말지요. 그리고 주천강 연못에 시신을 버립니다.

과양생이의 행동이 가히 엽기적이지요? 잘못된 욕망이 인간을 얼마나 추하게 만드는지 보여 주고 있네요. 옛이야기에서는 늘 벌과 상이 정확히 주어지니 과양생이의 결말도 좋지 않을 것이라 예상할 수 있습니다.

과양생이 이야기를 다시 시작해야 합니다. 어느 날 과양생이가 빨래를 가지고 주천강 연내못에 갔는데 난데없이 삼색 꽃이 웃고 있는 것입니다. 그래서 그 꽃을 꺾어 집으로 가지고 왔는데 이 꽃들이 과양생이가 가는 곳마다 따라다니며 살을 박박 긁어댔답니다. 화가 난 과양생이는 꽃을 태워 버렸지요. 그랬더니 꽃에서 영롱한 삼색 구슬이 나왔습니다. 욕심쟁이 과양생이는 당연히 그 구슬이 탐나서 가지고 놀다가 꿀꺽 삼키고 말았습니다. 구슬 세 개를 삼킨 과양생이는 열 달 후에 아들 세쌍둥이를 낳습니다.

그런데 태어난 아이들이 아주 똑똑했습니다. 열다섯 살이 되던 해에 과거 급제를 합니다. 과양생이는 과거 급제를 하고 인사하러 오는 세 아들을 맞이하러 나갑니다.

"얼씨구 좋다. 절씨구 좋다. 귀한 우리 아들들 과거에 급제해서 오는 데 아니 놀아 무엇하리. 문전에 고사 지내고 산에 염불하고 잔치를 베풀면 어떨까!"

하지만 삼 형제는 과양생이를 만나 문전에서 인사를 세 번 하고 머리를 들지 않습니다. 그 자리에서 죽고 만 것입니다.

과양생이는 원통한 마음에 눈물도 닦지 않은 채 김치고을 원님을 찾아갑니다. 그리고 이 억울한 일을 해결해 달라고 밤낮으로 민원을 넣지요. 하지만 원님은 이 일을 해결할 수 없습니다. 죽음은 어떤 사람도 해결할 수 없는 문제니까요.

그러던 중 원님에게 한 가지 꾀가 떠올랐습니다. 원님의 차사인 강림에게 이 일을 맡기기로 한 것입니다.

원님은 강림에 대해 잘 알고 있었습니다. 그래서 똑똑하고 힘있는 강림에게 일을 맡기기 위해 계략을 꾸밉니다. 급하게 연락을 보내 강림을 동헌으로 오게 하지요. 기생집에서 술에 취해 자던 강림은 동헌에 늦게 도착했고 원님은 이 일을 핑계로 강림에게 벌을 내립니다.

“저승에 가서 염라대왕을 잡아올 테냐? 이승에서 목숨을 바칠 테냐?”

강림은 어쩔 수 없이 염라대왕을 잡아오겠다는 약속을 하고 맙니다.

강림은 염라대왕을 잡아오겠다고는 했으나 걱정이 태산입니다. 그래서 부인에게 하소연을 하지요. 이야기를 들은 강림의 부인은 쌀을 내어 깨끗이 씻고 정성껏 절구방아에 찧어 시루떡을 찝니다. 그리고 그 시루떡으로 문전신과 조왕신에게 치성* 을 드리고 강림에게 저승 가는 길을 인도해 달라 마음을 다해 빌지요.

조왕신과 문전신은 정성이 가득한 떡을 받고 강림보다 앞서 저승 가는 길에서 기다립니다. 그리고 강림에게 저승 가는 길을 가르쳐 주지요.

이 대목을 보면 우리 신들이 얼마나 우리 삶 가까이에 있는지, 우리의 소원을 들어주려고 얼마나 애쓰는지를 알 수 있습니다.

도움을 청하면 기꺼이 도와주는 정다운 우리 신의 모습은 옛이야기 곳곳에서 발견됩니다. 어려운 일이 있을 때마다 신에게 정성을 다해 빌었던 우리 선조들은 자신의 운명을 바꿀 수 있는 신 앞에서는 늘 겸손하고, 어려움 앞에서는 끝까지 희망의 끈을 놓지 않는 강인한 마음을 가지고 있었습니다.

---

* 부처님께 정성을 다해 불공을 드리거나 산신, 집신과 같은 민간 신앙의 대상에게 소원을 빌기 위한 의식

조왕신과 문전신의 도움으로 저승을 찾아간 강림은 용감하게 저승 입구까지 가서 외출 나오는 염라대왕과 마주합니다.

"어떤 놈이 나를 잡겠느냐?"

염라대왕의 불호령에도 아랑곳하지 않고 강림은 눈을 부릅뜨고 청동 같은 팔뚝을 걷어 염라대왕의 손에 오랏줄을 묶고 발에 족쇄를 채워 사로잡습니다. 그리고 자초지종을 설명합니다. 이 야기를 들은 염라대왕은 김치고을로 가겠다고 약속합니다.

강림은 염라대왕의 약속을 믿고 이승으로 돌아옵니다. 저승에서의 사흘이 이승에서는 3년이 되었네요. 강림의 부인은 정절을 지키며 강림을 기다렸습니다.

신화 속 강림은 장군의 힘과 기개를 가졌으나 기생집에서 놀기 좋아하고 술에 취해 방탕한 모습을 보이기도 합니다. 그러나 강림의 부인은 강림이 위기에 처했을 때 그에게 용기를 주고 정성스러운 치성을 드려 집 지킴이 신들의 도움을 받을 수 있게 합니다. 그리고 남편이 돌아오기를 기다립니다. 남편 강림을 돕는 멋진 동반자 역할을 한 부인의 지혜로움과 용기를 칭찬해 주고 싶네요.

염라대왕은 강림과의 약속을 지키고자 이승을 찾아옵니다. 김치고을로 와서 재판을 하기 위해 과양생이를 부릅니다. 염라대왕은 과양생이를 동헌 마당에 불러 놓고 죽은 세 아들을 어디에 묻었냐고 묻습니다. 그리고 그곳을 파 보라고 하지요.

하지만 아들 삼 형제를 묻은 곳에는 아무것도 없었습니다. 오히려 염라대왕이 금부채로 주천강 연못을 세 번 치자 연못이 마르고 과양생이가 죽인 버무왕 삼 형제가 눈을 뜨고 일어납니다.

과양생이는 그들을 자기 아들이라고 하지만 버무왕 삼 형제는 과양생이가 그들의 원수라고 말합니다. 과양생이의 세 아들은 사실 버무왕 삼 형제가 환생한 것이었죠.

염라대왕은 버무왕 삼 형제에게 집으로 돌아가라고 명령합니다. 그리고 과양생이에게 벌을 내립니다. 팔다리를 아홉 마리 소에 묶어 사방으로 달리게 하는 벌이었지요. 얼핏 들으면 너무 끔찍한 벌이라 눈살이 찌푸려지기도 합니다. 하지만 결과까지 듣고 나면 웃음이 절로 나오는 해학이 숨어 있습니다. 갈기갈기 찢어진 과양생이의 몸을 절구에 넣고 콩콩 빻아 바람에 날렸더니 남의 피를 빨아먹고 사는 각다귀와 모기가 되었다고 하거든요.

황당한 이야기에 피식 웃음이 납니다. 과양생이 이야기에 동물 유래담이 더해져 우리 옛이야기의 즐거움이 배가 되었습니다.

그런데 왜 하필 각다귀와 모기가 되었을까요? 사람의 목숨을 파리 목숨처럼 여겨 버무왕 삼 형제를 쉽게 죽인 과양생이가 해충이 되어 사람들의 미움을 사게 되었으니 이보다 더 딱 맞는 벌이 있을까요? 사람들에게 죽임을 당할까 봐 늘 전전긍긍 불안하게 날아다니는 각다귀와 모기로서의 삶은 어떤 지옥보다 지옥 같은 삶이었을 것입니다.

일을 해결한 염라대왕은 원님에게 이렇게 말합니다.

"김치고을 원님아, 강림이를 조금만 빌려주시오. 저승의 일을 조금 시키다 보내리다."

염라대왕은 강림의 어떤 모습이 마음에 들어 저승 차사로 쓰려고 했을까요? 아마도 저승길도 마다하지 않고 자신의 소임을 다한 강림의 용기와 염라대왕이라는 무서운 존재를 꽁꽁 묶을 만한 기개가 마음에 쏙 들었을 것입니다.

그런데 김치고을 원님은 감히 염라대왕에게 강림을 내줄 수 없다고 거절을 합니다. 그러자 염라대왕은 다시 말하지요.

"그러면 강림을 반쪽씩 나눠 가집시다. 몸을 갖겠소? 넋을 갖겠소?"

보이는 것만 중요하게 생각하는 어리석은 원님은 몸을 갖겠다고 합니다. 염라대왕은 좋아하며 강림의 혼을 빼내 저승으로 돌아가지요. 동헌 마당을 걷고 있던 강림의 몸은 갑작스레 우두커니 멈춰서 쓰러지고 말았답니다.

그 길로 강림은 저승으로 가서 염라대왕의 차사가 됩니다. 강림이 받은 첫 임무는 인간의 수명을 정한 적패지를 붙이고 오는 것이었지요.

"여자는 일흔, 남자는 여든을 정해진 명으로 차례차례 저승에 오도록 적패지를 붙이도록 하여라."

강림이 적패지를 가지고 인간 세상으로 나오는 길에 잠시 쉬고 있는데 까마귀가 까옥까옥거리며 나타났습니다.

까마귀는 인간에게 적패지를 붙이는 일을 자기에게 시켜 달라고 조르지요. 까마귀의 안달을 못 이긴 강림이 까마귀에게 적패

지를 맡기자 까마귀는 신이 나서 인간 세상으로 갑니다. 그러다가 실수로 적패지를 놓치고 뱀이 그것을 삼켜 버리고 맙니다. 이 때문에 인간의 수명이 정해지지 않았고 어른이나 아이 할 것 없이 저승길에 순서가 없어지고 말았다고 합니다.

저승 차사 강림에 대한 재미있는 일화가 하나 더 있는데, 그것은 바로 '동방삭이 이야기'입니다. 동방삭이는 저승에 올 차례가 되었는데 이런저런 계략으로 저승 차사들을 속이고 삼천 년이나 저승길을 피하고 있던 골칫거리였지요.

염라대왕은 이 동방삭이를 잡아오라고 강림에게 명령합니다. 명령을 받은 강림은 동방삭이가 있는 마을로 내려가서 느닷없이 검은 숯을 시냇물에서 씻고 있었습니다. 지나가던 동방삭이가 숯을 왜 씻느냐고 묻지요.

"검은 숯을 백 일만 씻으면 하얀 숯이 되어 백 가지 약이 된다고 해서 씻고 있습니다."

동방삭이는 이 말을 듣고 자기가 삼천 년을 살아도 그런 말을 들어 본 적이 없다고 무심결에 말해 버립니다. 강림은 그가 동방삭이라는 것을 알게 되었고 그 자리에서 바로 잡아 버립니다.

염라대왕은 이런 강림의 지혜가 마음에 쏙 들었을 것입니다. 잠깐 빌리겠다던 강림을 완전히 저승 차사로 임명합니다.

스펙타클한 〈차사본풀이〉는 때로는 슬프게, 때로는 무섭게, 때로는 웃음을 주며 우리에게 다가옵니다. 또한 삶과 죽음의 세계가 대립하는 것이 아니라 하나로 이어진 세상이라는 것을 보여 줍니다.

죽었다가 다시 환생한 버무왕 삼 형제 이야기나 이승과 저승을 종횡무진 누비는 강림의 활약을 보며 인간은 죽음이라는 한계에 부딪힐 수밖에 없는 존재라는 것을 깨닫게 됩니다. 그렇지만 죽음 너머에 새 삶이 존재하고 죽음을 통해 환생이라는 새로운 삶이 주어질 수 있다는 사실은 죽음의 경계 앞에서 늘 두려워하는 모든 인간에게 격려의 메시지를 전해 줍니다. 죽음도 삶의 일부이며 누구나 겪게 될 일이니 두려움 없이 받아들이라고 말이지요.

또 착하게 살면 그만한 보상을 받고 악하게 살면 벌을 받게 될 것이라는 저승의 공평성도 보여 줍니다. 이는 힘든 세상이지만 착하고 정직하게 사는 사람들에게 큰 위로가 되었을 것입니다.

그런데 우리가 잊고 있던 한 사람이 있었네요. 착하고 지혜로운 강림의 부인은 어떻게 되었을까요? 갑자기 저승 차사가 되어 떠나 버린 남편을 잃고 어떻게 살았을까요?

신화에서 놓치고 있는 이 여인에 관한 이야기를 살려내어 또 하나의 저승과 이승을 이어주는 이야기를 만들어 낸다면 운명에 맞서는 우리 민족의 새로운 신화가 탄생하지 않을까 하는 재미있는 생각도 해 봅니다. 신화는 그저 마구 지어낸 옛날이야기가 아니라 우리 민족의 삶과 정서를 전하는 아주 멋진 전달자이니 말입니다. 이제 우리도 신화 한 자락 만들어 볼까요?

우리 신화와 함께하는 토론·논술 활동

다음은 초·중·고등 교과와 연계하여 논술 및 토론 활동에 활용하면 좋을 자료입니다. 문제의 난이도와 교과에 따라 선택하여 활용하세요.

1 난이도 ★, 초등 국어

염라대왕의 벌을 받고 각다귀와 모기가 된 과양생이는 어떻게 살았을지 이야기를 만들어 봅시다.

2 난이도 ★, 초등 사회

과양생이가 저지른 잘못은 염라대왕의 노여움을 살 만했는데요. 만약 내가 염라대왕이라면 과양생이에게 어떤 벌을 내렸을까요? 배심원이 되어 함께 이야기해 봅시다.

과양생이의 죄	과양생이에게 내릴 벌

3 난이도 ★★, 중등 사회

옛사람들은 나면서부터 사람의 운명이 정해졌다고 생각했습니다. 버무왕 역시 아들 삼 형제가 열다섯 살에 죽을 운명이라는 말을 듣고 운명을 극복하기 위해 삼 형제를 절에 보내지요. 운명을 극복하기 위해서 부처님의 힘이 필요했던 것입니다. 사람에게는 타고난 운명이 있는 걸까요? 아니면 운명은 스스로 만들어 나가는 것일까요? 이에 대해 토론해 봅시다.

타고난 운명이 있다	운명은 만들어나가는 것이다

4 난이도 ★★, 중등 사회

만약 강림과 같은 저승 차사와 지옥이 실제로 존재하고 사람들이 이 사실을 알고 있다면 사람들은 이승에서 더 착하게 살까요? 아니면 별 생각 없이 이승을 즐기며 살까요? 이유와 함께 나의 생각을 이야기해 봅시다.

5 난이도 ★★★, 고등 사회탐구 & 논술

주호민의 웹툰을 원작으로 만들어진 영화 〈신과 함께〉에는 살인 지옥, 나태 지옥, 거짓 지옥, 불의 지옥, 배신 지옥, 폭력 지옥, 천륜 지옥 총 일곱 개의 지옥이 나옵니다. 저승시왕들이 재판하는 지옥에 대해 조사해 보고, 지옥 이야기가 사람들에게 주는 의미는 무엇인지 논술해 봅시다.

손님을 대접하는 마음

마마신

나라마다 시대마다 손님을 대접하는 방식은 다릅니다. 카자흐스탄은 손님이 오면 삶은 양고기나 소고기, 말고기로 만든 순대를 넣어 요리한 '베스바르막'이라는 귀한 음식을 만들어 환대합니다. 몽골에서는 손님이 찾아오면 술을 대접하고, 중국에서는 밥을 같이 먹고 동시에 술을 같이 마셔야 친구가 된다고 생각합니다. 우리나라에서도 손님이 오면 좋은 음식을 정성스럽게 대접하는 문화가 있습니다.

나라와 시대를 불문하고 손님을 극진하게 대한다는 공통적인 문화가 자리 잡고 있습니다. 그러면 손님을 맞이하는 문화는 왜 생겨났을까요? 우리나라에 전해지는 손님네 이야기를 읽고 니면 궁금증이 풀릴 거예요.

옛날 어린이들은 호환 마마나 전쟁 등이 가장 무서운 재앙이었으나 현대의 어린이들은 무분별한 불량 불법 비디오를 시청해 비행 청소년이 되는 무서운 결과를 초래하게 됩니다.

어린 시절 비디오를 틀면 나오는 문구였습니다. 여기에서 옛날 어린이들에게 마마는 굉장히 무서운 재앙이라고 말하고 있지요? 마마는 지금은 사라진 천연두를 말합니다. 천연두는 사망률이 매우 높은 전염병으로 한때 세계 사망 원인의 10퍼센트를 차지했다고 합니다.

마마는 인도에서부터 시작되어 우리나라에 유입되었고, 그 시기는 신라 시대로 추정됩니다. 그런데《조선왕조실록》을 보면 조선 시대에 들어서 그 유행이 심해졌다는 것을 알 수 있습니다.

조선 시대는 유학을 계승하였기 때문에 굿이나 무당 같은 무속 신앙을 금기하였습니다. 그런데 이 천연두가 너무 기승을 부리자 국가에서 이를 치료하는 무당을 인정하기로 했고, 장부에 등록하여 의원과 함께 일하도록 규정했다고 합니다. 더불어 천연두 신에 대한 두려움으로 병명을 부르지 않고 '별상마마님'이라는 최고 존칭으로 불렀다고 합니다. 이 정도면 당시 천연두가 얼마나 무서웠는지 짐작이 가지요?

선사 시대 사람들은 모든 사건을 초자연적인 존재에 의해 일어나는 현상이라고 생각했습니다. 전쟁, 사건, 질병 등 모든 것이 귀신, 정령, 신들에 의해 생겨났다고 생각했습니다. 호메로스는 '역병은 신에 의해 생긴 것이다.'라는 발상을《일리아드》를 통해 형상화하였습니다.

우리나라에서도 주변에서 발생하는 나쁜 일의 원인을 초자연적 존재에 의한 것이라 생각하였고, 그 문제를 해결하거나 방지하지 위해 굿을 하였습니다. 이중 손님굿은 마마신을 달래는 제祭로 무당굿 중 별상거리* 와 호구거리** 에서 행해집니다. 손님굿은 마마의 두려움으로 금기와 제약이 많습니다. 그리고 천연두 신이 나가는 길을 배웅하는 배송굿까지 합니다.

천연두는 정조 말기 청나라에서 인두접종법이 전해지면서 상황이 호전되었고, 세계보건기구WHO는 1970년에 천연두가 지구상에서 근절되었다고 선언했습니다. 그 후로 손님굿을 찾아보기 어렵습니다.

우리 신화에는 '손님네'라고 불리는 마마신이 존재합니다. 마마신은 어느 날 갑자기 찾아와 어린아이를 죽음에 이르게도 하고, 얼굴에 곰보 자국을 만들기도 하는 존재입니다. 잠깐 왔다

---

* 재수굿(재복과 행운을 기원하는 굿)에서 불리는 노래로, 별상은 별성, 별신으로 불리는 천연두 신을 높여서 부르는 데서 유래한다.

** 중부 지방에서 행하는 마마신인 호구신을 모셔 위하는 굿거리.

가 바람처럼 사라지기 때문인지 '손님'이라는 이름도 가지고 있습니다.

손님이 오면 집안의 귀한 음식을 대접하여 섭섭하지 않게 하는 풍습은 오늘날까지 이어지고 있습니다. 이것은 아마도 마마신 이야기에서 비롯된 것이 아닐까라고 추측해 봅니다. 마마신과 손님. 무서운 신이지만 이름에서 옛 선조의 재치가 엿보이기도 합니다.

옛날에는 부모가 셋이었다고 합니다. 나를 낳아 준 부모, 나를 점지해 준 삼신제왕님, 마지막으로 손님네입니다. 전통적으로 동양에서는 아이가 생긴 것은 인간의 영역이 아닌 자연과 신의 영역에 의한 것이라고 여겼습니다. 부모가 셋이라는 이러한 사고방식은 살아 있음이 인간의 오롯한 능력이 아닌 신과 연관되었다는 옛사람들의 생각에서부터 생겨난 것입니다.

신은 곧 자연적 존재입니다. 그렇기 때문에 동양에 존재하는, 보이지 않는 세계에 대한 감사함과 자연에 대한 겸손한 태도는 '인간은 자연에 의해 나고 자라는 것'이라는 생각에서부터 만들어진 것이라고 볼 수 있습니다.

손님네들은 쉰셋이나 있었는데 강남에 있는 대한국이라는 나라에 모여 살았어요. 이들은 눈이 밝아 앉아서 삼천 리를 내다보고 서서 9만 리를 굽어볼 수 있습니다. 어느 날 사방을 둘러보니 해동국이라는 나라가 참 좋아보였습니다. 그래서 해동국을 향해 길을 떠났지만 생각해 보니 해동국은 너무 좁아 손님네가 모두

가면 앉을 수도 설 수도 없을 것 같았습니다. 그래서 문반손님, 호반손님, 각시손님 셋만 해동국에 가기로 합니다.

마마신 원문을 찾아보면 세 손님에 대한 설명이 있습니다. 글 읽는 문신손님과 칼 잘 쓰는 호반손님, 아리따운 각시손님입니다. 문신손님은 아이의 명을 늘려 주고, 호반손님은 살* 을 막아 주고, 각시손님은 어여쁜 미모를 가지게 합니다.

세 손님은 해동국으로 가기 위해 기러기강에 도착합니다. 그런데 강을 건널 배가 없습니다. 그때 강기슭의 배 한 척이 눈에 들어와 배를 빌려 달라고 청을 합니다.

"여보시게, 사공 양반. 이 강을 건널 수 있게 배를 빌려 줄 수 있겠소? 우리는 손님네요. 배를 빌려 주면 자네 아이들에게 오는 마마를 가벼이 앓고 낫게 해 주겠네."

"이보시오. 손님네. 가마에 있는 고운 아씨가 하룻밤 수청을 들면 생각해 보겠소"

이 말은 들은 손님네는 화가 나서 사공의 목을 쳐 죽이고 사공의 일곱 아들을 모진 천연두에 걸리게 했습니다. 사공의 아내는 일곱 아들이 모두 죽게 생기자 발을 동동거리며 손님네를 찾아가 제발 아들 하나만이라도 살려 달라고 간절히 애원합니다. 손님네는 막내아들을 살려 주고 스스로 압록강을 건넙니다.

각시손님에게 장난친 사공은 화를 당합니다. 이것은 신에게

* 흉악한 기운

장난친 것에 대한 노여움도 있지만 어려운 이를 돕지 않은 것, 여성을 희롱한 것에 대한 징벌이라고 볼 수 있습니다.

천둥 같은 노여움에 쌓여 있던 손님네는 뱃사공의 아내가 비는 모습을 보고 화가 눈 녹듯 사그라졌어요. 해동국에 도착한 손님네는 아이들한테 마마를 앓게 하며 돌아다녔습니다. 대접을 잘한 사람에게는 가벼운 병을 주고, 박대하는 집 아이들은 심한 병을 주어 생사를 넘나들 정도로 앓게 했어요.

어느 날 저녁, 손님네는 대궐 같은 김장자의 기와집을 찾아가 먹을 것을 달라고 청합니다. 그러나 김장자는 일언지하에 거절하고 손님네를 쫓아냅니다.

손님네는 김장자 대신 김장자의 품*을 들어 먹고사는 노고할머니 집으로 갑니다. 노고할머니는 손님네를 보자 버선발로 달려 나와 맞이하고 여기저기 먼지를 털어가며 부지런히 청소한 후 손님네를 집 안에 들입니다. 하지만 쌀 한 톨 없는 노고할머니는 손님네를 어찌 대접해야 할지 막막하기만 합니다. 어쩔 수 없이 김장자 집에서 간신히 벼 한 되를 빌려 죽을 쑤어 손님네를 대접합니다.

이튿날 손님네는 노고할머니에게 말합니다.

"할머니 덕분에 시린 속이 따뜻하게 채워졌습니다. 할머니의 은공을 어찌 갚을까요. 집안에 어린아이가 있으면 마마를 가볍게 앓게 해 드리겠습니다."

노고할머니는 자신의 외손녀는 멀리 있으니 삯을 받고 키우는 김장자 댁 삼대독자 철현이 도련님을 돌봐 달라고 청합니다. 손님은 김장자가 괘씸하지만 노고할머니가 간청하니 들어주기로 했어요.

그런데 노구할머니의 말을 들은 김장자는 동냥아치의 소리를 듣고는 무슨 망발을 하느냐면서 손님네를 쫓아버립니다. 손

* 돈을 받고 하는 일

님네는 철현이가 아닌 노구할머니의 외손녀를 찾아갑니다. 그리고 가볍게 마마를 앓게 한 다음 인물도 곱고 수명도 길게 해 주었어요.

한편 김장자는 뒤늦게 손님네 소문을 듣고 안절부절못하고 있습니다. 손님네가 앙갚음을 할까 봐 두려워서 철현이를 깊은 산속에 있는 절로 피신을 보냅니다. 그리고 손님네가 집에 들어오지 못하도록 담 너머 모퉁이마다 매운 고춧불을 피워 놓습니다.

제일 싫어하는 고춧불을 본 손님네는 더욱 화가 나서 김장자네를 요절내 버리겠다고 다짐을 합니다. 각시손님은 철현이가 지내는 절에 찾아가 어머니 모습으로 변하여 그를 불러냅니다. 철현이가 절에서 나오자 호반손님은 채찍을 휘두르며 온몸이 부서지는 고통을 안겨 줍니다. 철현이는 꺽꺽 숨을 몰아쉬면서 죽어도 집에 가서 죽고 싶으니 집으로 가게 해 달라고 간청합니다.

김장자 부부는 단숨에 아들을 데리고 집으로 들어갑니다. 몰래 따라온 손님네. 철현이의 팔다리 마디마다 은침 놋침을 빈틈없이 꽂아 마마를 불어넣자 철현이 얼굴에 갑자기 종기가 불뚝불뚝 일어납니다.

하지만 아직도 김장자는 손님네 무서운 걸 모릅니다. 종기를 없애기 위해 짚에 불을 피워 철현이 몸 위아래로 쓸어냅니다. 하지만 종기가 혹처럼 크게 일어나 점점 더 고통이 심해집니다. 이번에는 침쟁이를 불러다 종기를 터뜨리니 생살이 드러나면서 아이는 더 죽어갑니다. 점점 심해지는 아들의 고통을 본 김장자의 아내는 삼대독자 철현이가 죽으면 어쩌냐면서, 김장자를 어르고 달래가며 손님네에게 빌어 보자고 말합니다.

김장자 부부는 손님네 앞에서 싹싹 빌며 제발 철현이 몸을 낫게 해 달라고 간청합니다. 아들을 살려 주면 송아지를 잡아 고기를 내주고 곳간을 털어 술과 떡을 내어 대접하겠다고 하면서요.

김장자 부부의 기도를 들은 손님네는 철현이 몸을 정상으로 되돌려 놓습니다. 멀쩡한 철현이를 본 김장자의 아내는 몹시 기뻐하며 어서 빨리 곳간을 털어 대접하자고 말합니다. 그런데 욕심 많은 김장자. 손님네를 대접할 생각하니 송아지와 곳간의 곡식이 아까워집니다.

"갑자기 송아지를 내준다는 것은 무슨 소리이고 곳간을 열어 대접한다는 것은 무슨 말인가? 에잇! 문간에 짚을 깔고서 먹고 남은 밥 한상을 차려 놓구려. 먹고 가든지 싸 가든지 좋을 대로 하겠지!"

손님네는 김장자의 행동에 피가 거꾸로 솟습니다. 곧바로 철현이를 다시 잡아서 때려눕히고 뼈 마디마디마다 은침 쇠침을 받아 온몸이 끊어지는 듯한 고통을 줍니다.

손님네는 죽어가는 철현이에게 유언이나 남기라고 말합니다. 몸이 부서질 듯 아픈 철현이는 눈물을 주르륵 흘리며 마지막 유언을 남깁니다.

"불쌍한 어미니, 어리석은 남편 만나 하나밖에 없는 자식마저 잃는구나. 나 떠나면 이 많은 재물로 무엇을 하시겠소. 부모 잘

못 만난 죄로 손님네 따라서 떠나가렵니다. 아버지, 한평생 많은 재산 부둥켜안고 잘살아 보시오. 어머니, 잘 계시오. 나는 훨훨 떠나갑니다.”

손님네는 철현이를 환생시키기 위해 어디에서 태어나고 싶냐고 묻습니다. 하지만 철현이는 환생하지 않고 손님네를 따라다니겠다고 말합니다. 그 뒤 철현이는 손님네의 심부름을 하는 막둥이 손님이 됩니다.

손님네들은 이곳저곳 떠돌아다니며 아이들에게 마마를 앓게 합니다. 융숭한 대접을 한 집에는 가벼운 마마를, 불손한 집에는 심한 마마를 내립니다. 하지만 철현이가 사정한 덕에 아이들의 목숨을 마구 빼앗지는 않았다고 해요.

손님네는 방방곡곡 돌아다니다가 노고할머니와 김장자가 살던 마을에 다시 들렀습니다. 김장자의 많은 재산은 노고할머니 것이 되고, 노고할머니의 오두막집에 김장자 부부가 살고 있습니다. 노고할머니는 가족들과 오순도순 살고 있는데 김장자는 중풍에 걸려 짚신을 삼고 김장자의 아내는 바가지를 들고 빌어먹으러 다니는 신세가 되었어요. 이를 본 철현이는 기가 막히고 가슴이 답답하여 주먹으로 가슴을 내리칩니다. 그리고 어머니를 부둥켜안고 통곡합니다.

손님네는 막내 손님의 곡소리에 가슴이 아파 김장자의 병을 낫게 해 주고 먹고살 만큼의 재물을 되찾아 주었지요. 그제야 철현이도 마음이 풀어져 손님네 뒤를 따라 상남 천사국 세천산 낭으로 떠났다고 합니다.

손님네는 물질적인 것보다 마음을 중요하게 생각했습니다. 그래서 노고할머니의 밥상에 감동을 받고 김장자에게 괘씸한 마음을 느낀 것이지요. 김장자는 재산에 대한 욕심 때문에 약속을 지키지 않았고 본인에게 가장 중요한 자식과 재산을 모두 잃게 되었습니다.

마마신은 벌을 내리는 무서운 신이지만 용서를 해 주기도 하고 상을 내리기도 합니다. 흉복을 함께 주는 것이 마마신의 특징이라고 볼 수 있습니다. 화를 내다가도 용서를 빌면 잘 풀어지기도 하지요. 그리고 노고할머니가 대접한 밥 한 그릇에도 감동하는, 마음이 따뜻한 신입니다. 결국 손님을 대접할 때 중요한 것은 물질적인 것이 아닌 마음과 정성이 중요하다는 것을 알게 됩니다.

마마신은 가장 약한 아이들에게 마마를 앓게 하는 두려운 존재입니다. 부모에게 자식은 가장 소중하지요. 그렇기 때문에 마마신은 아이들을 인질로 삼아 어른들의 그릇된 행동과 욕심에 대해 경고합니다.

우리 신화와 함께하는 토론·논술 활동

다음은 초·중·고등 교과와 연계하여 논술 및 토론 활동에 활용하면 좋을 자료입니다. 문제의 난이도와 교과에 따라 선택하여 활용하세요.

1 난이도 ★, 초등 사회

나라마다 손님을 대접하는 방식이 다릅니다. 우리집에 찾아온 손님을 맞이하는 예절에 대하여 생각해 봅시다.

2 난이도 ★, 초등 국어

노고할머니는 큰 부자가 되어 고래등 같은 기와집에 살고, 김장자 부부는 쪽박을 들고 빌어먹고 삽니다. 부자 김장자와 노고할머니의 삶이 달라진 원인에 대하여 이야기해 봅시다.

3 난이도 ★★, 중등 사회

마마신은 뱃사공과 김장자에게 벌을 내렸어요. 벌을 내린 까닭을 생각해보고 마마신이 내린 벌이 적당한지, 내가 마마신이라면 어떤 벌을 내렸을지 이야기해 봅시다.

	인물의 행동	마마신이 내린 벌
뱃사공	저 끝의 고운 각시가 내 작은 마누라가 돼 준다면 배를 빌려 준다고 했어요.	일곱 아들을 심하게 앓게 하였어요. 왜냐하면 ______
내 생각	마마신이 뱃사공에 내린 벌은 1. 적당해요 2. 적당하지 않아요	내가 만일 마마신이라면 ______ ______

	인물의 행동	마마신이 내린 벌
김장자	고춧불을 피워 손님네를 내쫓고 약속을 지키지 않았어요.	김장자의 아들을 고통스럽게 죽게 했어요. 왜냐하면 ______
내 생각	마마신이 김장자에게 내린 벌은 1. 적당해요 2. 적당하지 않아요	내가 만일 마마신이라면 ______ ______ ______

4 **난이도 ★★, 중등 사회**

다음 사진은 이집트의 마아트와 그리스 신화의 디케입니다. 이 신들은 정의와 진리, 질서, 계율을 세우려고 합니다. 신화에 이러한 신들이 있는 까닭에 대하여 생각해 봅시다.

이집트에는 정의의 여신 마아트Maat가 있다. 마아트는 정의뿐 아니라 진리와 질서를 함께 상징하여 포괄적인 의미를 나타낸다. 그리스 신화에 나오는 정의의 여신 디케Dike는 질서와 계율의 상징인 테미스Themis의 딸로서 오늘날 정의의 개념에 가장 가까운 여신이다.

이집트의 마아트

그리스 신화의 디케

오늘날 정의를 의미하는 'Justice'는 'Justitia'에서 생겨났다. 정의의 여신상은 대개 한 손에는 저울을, 다른 한 손에는 칼을 쥐고 있다. 여기서 저울은 개인 간의 권리 관계에 대한 다툼을 해결하는 것을 의미하고, 칼은 사회 질서를 파괴하는 자에 대하여 제재를 가하는 것을 의미한다. 또한 선악을 판별하여 벌을 주는 정의의 여신상은 대개 두 눈을 안대로 가리고 있다. 이는 정의를 실현하기 위해 어느 쪽에도 기울지 않는 공평무사한 자세를 지킨다는 것을 의미한다.

— 출처 : 《Basic 고교생을 위한 사회 용어사전》

5 난이도 ★★★, 고등 사회탐구

다음의 정의에 대한 의미를 살펴보고 정의에 대하여 논술해 봅시다.

정의正義

- 진리에 맞는 올바른 도리, 바른 의의意義. 〈철학〉 개인 간의 올바른 도리 또는 사회를 구성하고 유지하는 공정한 도리.
- 이성적 존재인 인간이 언제 어디서나 추구하고자 하는 바르고 곧은 것을 정의라고 한다. 정의의 개념은 다양하여 학자에 따라 다르게 정의된다.
- 소크라테스는 '인간의 선한 본성'을 정의라고 하였다.
- 아리스토텔레스는 '정의의 본질은 평등, 평균적 정의와 배분적 정의'로 구분하였다.
- 고대 로마의 법학자인 울피아누스는 '각자에게 그의 몫을 돌리려는 항구적인 의지'라고 규정하였다.
- 존 롤스는 정의에 관한 다음 두 가지 원칙을 내세웠다.

  ① 모든 사람이 다른 사람의 자유와 양립할 수 있는 한에서 가장 광범한 자유에 대하여 동등한 권리를 가져야 한다(제1원칙). ② 사회적, 경제적 불평등은 다음 두 조건을 만족시키도록 배정되어야 한다. ㉠ 최소 수혜자에게 최대의 이득이 되고, ㉡ 공정한 기회 균등의 조건에서 모두에게 개방된 직위와 직책이 결부되도록 하여야 한다(제2원칙).

— 출처 : 《Basic 고교생을 위한 사회 용어사전》

---

6 **난이도 ★★★**, 고등 시사 & 논술

정의로운 사회의 조건은 무엇이며 이를 실현하기 위해 필요한 것이 무엇인지 논술하시오.

모든 사람은 태어날 때부터 자유롭고, 존엄하며, 평등하다. 모든 사람은 이성과 양심을 가지고 있으므로 서로에게 형제애의 정신으로 대해야 한다.

— 〈세계인권선언 1조〉

사상 체계가 추구해야 할 최고의 덕목이 진리라고 한다면, 정의는 사회 제도가 추구해야 할 최고의 덕목이다. 이론이 아무리 논리적으로 빈틈이 없고 간단하고 명료하다고 할지라도 그것이 진리가 아니라면 고치거나 버려야 한다. 마찬가지로 법이나 제도도 아무리 효율적이고 완벽한 것일지라도 그것이 정당하지 못하다면 고치거나 버려야 한다. 모든 사람은 사회 전체의 복지라는 명목으로도 침해할 수 없는 정의에 대한 권리를 가지고 있다. 그러므로 다른 사람들이 가지게 될 더 큰 선을 위하여 소수의 자유를 빼앗는 것은 정당화될 수 없다. 다수가 누릴 더 큰 이익을 위해서 소수에게 희생을 강요하는 것은 정의롭지 못하다. 따라서 정의로운 사회라면 누구에게나 동등한 시민적 자유를 보장하며 정치적 거래나 사회적 이익의 계산을 이유로 이미 정의에 의해 보장된 권리들을 빼앗을 수 없다. 진리가 아닌 결함 있는 이론은 그보다 나은 이론이 없을 경우에만 참고 따를 수 있다. 마찬가지로 정의롭지 못한 것은 그보다 더 정의롭지 못한 것을 피하기 위해 필요한 경우에만 참을 수 있다. 인간의 삶이 추구하는 최고의 덕목들인 진리와 정의는 지극히 준엄한 것이다.

— 출처 : 존 롤스의《정의론》 중에서

이웃처럼 친근한

우리 도깨비

장난꾸러기로 알려진 도깨비가 신이라니요! 우리가 알고 있는 도깨비는 사람들을 골려 주고 씨름과 내기를 좋아하며, 밤이면 숲속 버려진 집에서 "금 나와라, 뚝딱! 은 나와라, 뚝딱!"을 외치고, 맛난 음식과 술을 배불리 먹고 춤추며 놀기 좋아하는, 게다가 사람들에게 속기도 잘하는 어리석은 존재인데 신이라고 불러도 될까요?

물론 도깨비가 신통한 능력도 발휘하고 사람들에게 벌이나 복을 주기도 하지만 신이라고 부르기에는 뭔가 조금은 부족한 느낌입니다. 하지만 우리나라 도깨비는 지금까지 함께 살펴본 우리 신들처럼 사람들을 돕기도 하고 사람들과 친하게 지내기 위해 노력도 하는 멋진 신입니다.

물론 도깨비를 온전한 신이라고 부르기에는 어딘가 좀 모자란 감도 있습니다. 다른 신들처럼 저승 어딘가에서 자신의 역할을 담당하고 있거나 이승 어딘가에 자리 잡고 사람들을 지켜 주고 있는 것이 아니라 인간 세상 어딘가에서 숨어 살다가 가끔 나타나 온갖 말썽을 부리기도 하니까요. 그래서 사람들은 도깨비를 신과 인간의 중간쯤 되는 존재로 표현하기도 합니다.

도깨비는 온몸에 털이 많지만 뿔 같은 것은 없고 바지저고리를 입고 패랭이를 쓴 채 떨어진 미투리를 신고 있습니다. 한 뼘도 안 되는 곰방대를 물고 다니는 친근한 모습입니다.

돼지고기나 수수범벅, 메밀묵을 좋아하고 소주를 즐기며 비 오는 날이나 안개 낀 날을 좋아해서 그런 날에 잘 돌아다니지요. 또 미녀를 좋아해 같이 살자고 따라다니거나 자기 마음대로 안 되면 나쁜 병을 주기도 합니다.

하지만 도깨비 신을 잘 모시면 부자가 되게 해 주기도 하고 어부들이 고기를 잘 잡게도 해 주었다네요.

이처럼 우리 도깨비는 사람들과 아주 친근한 존재였습니다. 사람을 괴롭히거나 혼내 주는 걸 좋아한다기보다는 짓궂은 장난을 좋아하지요. 순박하고 어수룩하지만 사람들과 같이 놀고 싶어 해서 따돌림을 당하면 화를 낸답니다. 지나가는 사람들을 다짜고짜 불러 세워 씨름을 하자고 조르기도 하는 등 못 말리는 장난꾼이기도 하지요.

우리에게 잘 알려진 '도깨비방망이 이야기'나 '도깨비감투 이야기'는 도깨비를 소재로 한 설화입니다. 도깨비가 나오는 이야기들은 하나같이 해학과 풍자가 숨어 있습니다. 이야기 속 도깨비는 어리숙해서 그 행동을 보면 절로 웃음이 납니다. 하지만 못된 사람을 혼내 주기도 하고 착한 사람에게 복을 내리기도 하지요.

그러면 도깨비는 도대체 어디서 어떻게 생겨난 존재일까요?

전해 내려오는 이야기에 따르면, 아주 오래된 물건이 변하여 도깨비가 되었다고도 하고, 풀이나 나무, 흙, 돌과 같은 자연물의 정기가 변해서 된 것이라고도 합니다.

대표적인 도깨비가 외다리도깨비인데 그는 빗자루를 닮았다고 합니다. 도깨비 설화를 살펴보면, 씨름을 가장 좋아하는 도깨비라고 나와 있습니다. 다리가 하나뿐인 이 도깨비를 이기려면 반드시 다리를 걸어 넘어뜨려야 하는데 그렇게 넘어뜨린 다음 나무에 꽁꽁 묶어 두면 다음날 아침 빗자루로 변한 걸 볼 수 있다고 해요. 바로 오래된 물건이 변해 도깨비가 된다는 이야기입니다.

다른 도깨비 이야기들도 살펴봅시다.

옛날 옛적 어느 마을에 공죽할머니가 살았답니다. 어느 날 할머니가 콩밭을 매다 보니 날이 금방 저물었어요. 집에 얼른 돌아온 할머니가 콩죽을 쑤어 먹으려고 콩을 갈고 있는데 키가 8척이 나 되는 사람이 휘적휘적 부엌으로 들어오며 말합니다.

"할머니, 나도 콩 좀 주소."

콩을 한 줌 주워 먹는 모습을 보니 따르르따르르 소리를 내면서 먹더랍니다. 쩝쩝 소리를 내며 먹어야 하는데 따르르따르르 소리를 내니 할머니가 하도 이상해서 보고 있으니 또 달라고 하고 또 달라고 하고 자꾸 달라고 했답니다. 그래서 할머니가 화가 나서 허리띠를 풀어 나무에다 똘똘 매어 두고 방으로 들어갔는데 다음날 아침 나가 보니 헌 도리깨가 꽁꽁 묶여 있었대요.

민담 속의 도깨비를 살펴보면 '김서방'이라는 별명을 가진 도깨비가 가장 많이 나옵니다. 옛사람들은 도깨비가 덩치 큰 남자의 모습이라고 믿었기 때문입니다.

도깨비 설화에서 빠지지 않고 나오는 또 하나의 도깨비는 '불도깨비'인데 밤길에 파란색 도깨비불이 이리저리 움직인다는 말로 자주 등장하지요.

육지의 도깨비 이야기가 이렇게 즐거움이 넘치는 데 비해 제주도에서 구전되어 내려오는 도깨비 이야기는 조금 다릅니다.

제주도의 도깨비 이야기는 〈영감본풀이〉에서 발견됩니다. 영감은 '참봉'이나 '야차'로 불리는 도깨비의 다른 이름으로, 도깨비를 높여 부르는 이름이라고 합니다. 〈영감본풀이〉, 즉 도깨비를 부르는 이 굿을 통해서 사람들은 병을 고치고, 새 어선에 복을 빌고, 마을에 안녕을 기원하기도 했습니다.

제주도의 〈영감본풀이〉에서는 특별한 능력이 있는 인물들이 태어나 그 지역을 지키는 도깨비 신이 되었다고 합니다. 〈영감본풀이〉는 대략 일곱 편의 각 편이 존재하는데 공통되는 이야기를 정리해 보면 다음과 같습니다.

서울 남산 먹자 고을에 사는 허정승은 아들 일곱 형제를 두었는데 큰아들은 백두산 일대를 차지하고, 둘째 아들은 태백산 일대를, 셋째 아들은 계룡산 일대를, 넷째 아들은 무등산 일대를, 다섯째 아들은 지리산 일대를, 여섯째 아들은 유달산 일대를 차지하고, 일곱째 아들은 한라산 일대를 차지하여 '영감신'이 되었답니다.

이 신들은 동에 번쩍, 서에 번쩍하며 순식간에 천리만리를 뛰어다니고 먹을 것을 좋아하는데 특히 수수떡과 수수밥을 좋아했답니다. 그들은 고기와 술을 제물로 받아먹었지요.

겉모습은 양태만 붙은 헌 갓에 낡은 총만 붙은 미투리를 신고 한 뼘도 안 되는 곰방대를 피워 물고 다니는 초라하고 우스꽝스러운 모습이었지만 이 신을 잘 모시면 부자가 되고 앓던 병도 고치고 도깨비불을 잘 다스려 화재를 피할 수도 있다고 믿었습니다.

영감신은 썰물에는 강변에서 놀고, 밀물에는 수중에서 놀며, 백록담, 물장오리, 태역장오리를 좋아해서 그곳에서 놀고, 삼천어부의 어장을 좋아해서 또 놀고, 해녀와 홀어머니를 좋아하여

같이 살자고 하며 따라붙기도 하는 바람둥이였지요. 또한 안개 낀 날과 비 오는 날을 좋아하며, 순식간에 천리만리를 뛰어다니는 재주도 부렸답니다.

〈영감본풀이〉가 전하는 도깨비의 모습은 어떤 의미가 있을까요? 제주도의 도깨비는 섬사람의 삶과 같이하며 섬사람의 어려움을 돕고 함께 먹고 함께 즐기는 친구 같은 존재였던 것입니다.

어려움을 해결해 줄 능력 있는 친구가 있다면 얼마나 든든할까요? 육지와 떨어져 외롭게 살아가는 섬사람들에게 큰 위로가 되었을 것입니다.

이처럼 우리 조상은 사람도 아니고 신도 아닌 도깨비를 친근한 존재로 여겼다고 합니다. 그래서 집 안의 벽이나 기둥에 도깨비 형상을 걸어 놓기도 하고, 기와에 도깨비 얼굴을 그려 넣기도 했습니다. 그러면 도깨비가 나쁜 사람을 혼내 주고 잡신을 물리쳐 준다고 믿었기 때문입니다.

빌린 돈을 깜박하고 자꾸 갚아 주는 도깨비 덕분에 돈을 빌려준 사람이 부자가 되었다는 이야기, 개암나무 열매 깨무는 소리에 집이 무너지는 줄 알고 도깨비방망이까지 버리고 간 도깨비 이야기, 혹부리영감의 혹이 노래 주머니라고 철석같이 믿었던 도깨비 이야기. 우리 이야기 속 도깨비들은 모두 하나같이 어수룩합니다. 이 어수룩함이 참 정겨우니 도깨비 이야기가 오늘날까지 면면히 이어지고 있는지도 모르겠습니다.

완벽하게 멋진 영웅 역할을 하는 신도 좋지만 우리 곁에서 함께 웃고 함께 즐기는 도깨비 신이 우리를 돕는 존재라니 즐거워집니다.

한동안 많은 사람들을 TV 앞에 불러 모았던 드라마 〈도깨비〉에서도 특별한 능력을 가졌지만 너무나 인간적이고 인간을 좋아하고 인간 세상에서 함께 살길 바랐던 우리 도깨비의 모습을 그렸기에 드라마 속 도깨비를 보며 우리는 그렇게 설레였던 건지도 모릅니다.

우리 곁에서 우리와 함께 삶의 즐거움과 기쁨, 슬픔과 아픔을 함께 느끼며 같이 살아온 조금은 부족한 우리 신, 우리 친구 도깨비! 친구 같은 도깨비가 있어 우리 옛사람들은 고달픔 속에서도 웃음을 잃지 않을 수 있었을 겁니다.

우리 신화와 함께하는 토론·논술 활동

다음은 초·중·고등 교과와 연계하여 논술 및 토론 활동에 활용하면 좋을 자료입니다. 문제의 난이도와 교과에 따라 선택하여 활용하세요.

1 **난이도 ★★**, 중등 국어

일제 강점기 때문에 뒤바뀐 우리 도깨비의 모습은 해방 후에도 여전히 왜곡되어 이어졌습니다. 일제 강점기의 흔적 중 가장 흔하게 접할 수 있는 것이 '말'입니다. 우리말 중에 일본어 흔적이 남아 있는 것은 어떤 것이 있는지 생각해 보고, 어떤 말로 바꾸어 사용해야 할지 이야기해 봅시다.

2 **난이도 ★**, 초등 국어

다음은 우리나라 도깨비와 일본 도깨비 오니를 비교해 놓은 것입니다. 우리가 흔히 알고 있는 뿔난 도깨비는 일본 전설에 나오는, 사람을 괴롭히고 잡아먹는 요괴 '오니'와 비슷합니다. 일제 강점기에 내선일체(일본과 조선은 하나) 정책의 하나로 일본 도깨비를 교과서에 가져온 것이 지금까지 남아 있는 거지요. 일본 도깨비와 비교하면서 우리나라 도깨비를 소개하는 글을 써 봅시다.

<table>
<tr><td>우리나라 도깨비
</td><td>손때 묻은 물건에서 나와요.
뿔이 없어요.
장난꾸러기이에요.
사람들과 씨름하는 걸 좋아해요.
방망이 모양이 다양해요.
우리 옷을 입고 패랭이를 썼어요.</td></tr>
<tr><td>일본 요괴 오니
</td><td>악한 마음에서 나와요.
뿔이 있어요.
성질이 포악해요.
사람들을 잡아먹어요.
방망이가 철퇴 같아요.
원시인처럼 짐승 가죽 옷을 입어요.</td></tr>
</table>

3 **난이도** ★★, 중등 사회

다음은 우리나라 곳곳에 있는 도깨비 체험 마을에 대한 자료입니다. 지구촌이란 말이 생기고 글로벌화되어 가는 시대에 우리 전통을 알아가고 지켜야 하는 이유에 대해 이야기해 봅시다.

섬진강 도깨비마을: 고대부터 현대까지 5,000년 동안 소설에 나온 도깨비를 두루 모아 전시하고 있다. 표정이 다양하고 몸짓이 재미있는 도깨비들을 보는 재미가 있다. 도깨비 그리기, 탈춤 배우기, 부적 찍기 등을 해 볼 수 있으며 농촌 체험 학습도 할 수 있다.

— 위치: 전라남도 곡성군 고달면 호곡2길 119-99

방곡 도깨비마을: 농촌 체험하기, 도자기 만들기, 내가 직접 도깨비가 되어 보는 도깨비 체험 프로그램이 있다.

— 위치: 충청북도 단양군 대강면 선암계곡로 148

국립제주대학교 도깨비공원: 옛날부터 도깨비 이야기가 많이 전해지는 제주도에 있다. 동화 속 도깨비를 주제로 한 도깨비 테마공원이다. 상상의 도깨비를 직접 만들어 보는 도깨비 가면 체험, 도깨비 인형을 만드는 양초 체험 등이 있다.

— 위치: 제주도 북제주군 조천읍 번영로 1488

4 난이도 ★★★, 고등 시사 & 논술

월드컵 경기가 있는 곳이면 어디서든 볼 수 있는 '붉은 악마'를 떠올려 봅시다. 붉은 악마의 모델은 《환단고기》에서 전해지는 '치우천왕'이라고 합니다. 도깨비 형상이라고 하는데요. 뿔이 있고 송곳니가 있어 우리나라 도깨비 형상과는 달라 한때 논란의 대상이 되기도 했습

니다. 드라마나 영화, 중요한 상징물과 같은 문화 콘텐츠를 만들 때 역사적 내용을 정확히 인식해야 하는 이유는 무엇일까요? 근거를 들어 논술해 봅시다.

《한단고기》 삼성기편에 의하면 치우천왕은 BC 2707년에 즉위하여 109년간 나라를 통치했던 왕이라고 합니다. 그는 신처럼 용맹이 뛰어났고 구리로 된 머리와 쇠로 된 이마를 하고 큰 안개를 일으키며 세상을 다스렸다고 전해집니다.

《한단고기》는 치우천왕이 중국의 황제와 일흔세 번 싸워 다 이겼으나 일흔네 번째 탁록전쟁 때 전사했다고 전합니다. 치우천황은 도깨비 부대를 이끌었다고 전해지는데, 치우천왕을 도깨비라고 하는 이유가 여기에 있습니다. 중국의 황제는 싸움에서 이기자 치우천왕의 시신을 다섯 토막 내어 다섯 방위에 각각 묻었습니다. 무속에서 굿을 할 때 군웅거리에서 청제, 적제, 황제, 백제, 흑제의 5제를 청하는 것은 5방위에 흩어져 있는 치우천왕의 신명을 불러 모으는 것이라고 합니다.

— 출처 : 치우천왕 《문화원형백과 오방대제》

'치우천왕蚩尤天王'은 환웅천왕이 건국했다고 전해지는 배달국의 14대 천왕으로 전쟁에 능해 승리를 상징한다. 이런 이유로 한국 축구대표팀과 그들을 응원하는 붉은 악마를 상징하는 이미지로 쓰였다. 1999년 브라질전부터 선보인 치우천왕 이미지는 여러 자료에 나타나는 그림을 참고해 축구 전문 디자이너 장부다 씨가 디자인했다.

한국독서문화연구소 신화 연구팀이 선정한 도서 58선

우리 신화의 원형이 훼손되지 않고 독자층에 맞게 이야기가 잘 전달되고 있는지를 중요하게 살펴보았습니다. 개작된 작품은 신화에 담겨진 가치를 현대적 가치에 맞추어 재생산하였는가에 대해 고민하며 선택하였습니다.

세상이 처음 생겨난 이야기 창세가

《우리 신화로 만나는 처음 세상이야기》 서정오 글, 허구 그림, 토토북

저승과 이승을 다스리는 대별왕과 소별왕

《창조의 신 소별왕 대별왕》 신동흔 글, 오승민 그림, 한겨레아이들

제주를 지키는 설문대 할망

《설문대 할망》 임어진 엮음, 편형규 그림, 해와나무

저승 가는 길을 위로해 주는 바리데기

《바리공주》 최창숙 글, 이현아 그림, 대교출판

《야야 내 딸이야 버린 딸 바리데기야》 신동흔 풀어씀, 조원희 그림, 나라말

《바리데기 당금애기》 김효정 글, 이인숙 그림, 계림

《영혼의 수호신 바리공주》 백승남 글, 류준화 그림, 한겨레 아이들

《바리공주》 김승희 글, 최정인 그림, 비룡소

《바리공주의 모험》 모공회 글, 아노돈 미디어

《바리데기》 황석영 글, 창비

세 아들을 신으로 키워 낸 당금애기

《바리데기 당금애기》 김효정 글, 계림

《바리데기와 당금애기》 전연주 글, 주니어 김영사

《당금애기 : 탄생의 신 당금애기라》 김예선 글, 나라말

《당금애기 바리데기》 최원오 글, 현암사

《소별왕 대별왕· 당금애기》 문명식 글, 한겨레 아이들

인간과 신의 대결 삼승할망 저승할망

《아기를 주시는 삼신할머니》 편해문 글, 노은정 그림, 소나무

《삼신할머니 저승할머니》 초록인 글, 오진욱 그림, 교학사

《삼신할미》 서종오 글, 봄봄출판사

《삼신할머니와 아이들》 정하섭 글, 조혜란 그림, 창비

나의 운명은 나의 것 가믄장아기

《감은장아기》 서정오 글, 한태희 그림, 봄봄출판사

《운명을 바꾼 가믄장아기》 이상교 글, 이은주 그림, 국민서관

《내 복에 산다 감은장아기》 최정원 글, 김호랑 그림, 함께자람

《조근조근 제주신화 3》 강순희·여연 글, 지노

《자청비 가믄장아기 백주또 : 제주신화 그리고 여성》 김정숙 글, 각

약속을 지키는 아름다운 모습 오늘이

《오늘이》 정하섭 글, 유정주 그림, 웅진주니어

《사계절의 신 오늘이》 유영소 글, 한태희 그림, 한겨레아이들
《오늘이 : 서정오 선생님이 들려주는 우리 신화》 서정오 글, 조수진 그림, 봄봄출판사
《오늘이 : 아동문학가 송재찬 선생님이 다시 쓴 우리 신화》 송재찬 글, 영림카디널

사랑과 인내로 농사를 다스리는 자청비

《농사와 사랑의 여신 자청비》 임정자 글, 최현묵 그림, 한겨레아이들
《자청비(칼 선 다리 건너 세상 농사 돌보니)》 조현설 글, 이선주 그림, 휴머니스트
《문도령과 정수남을 둘 다 사랑한 자청비》 편해문 글, 노은정 그림, 소나무

믿음으로 역경을 극복한 황우양씨와 막막부인

《서사무가》 임성자 글, 이윤마 그림, 웅진주니어
《황우양씨 막막부인》 김은하·정출헌 글, 한겨레신문사

집안의 안녕과 평화를 지키는 문전신

《신과함께》 주호민 글·그림, 애니북스
《할로영상》 이석범 글, 황금알
《서사무가》 임정자 글, 웅진주니어

인간의 생명을 관장하는 할락궁이

《신과 함께》 주호민 글·그림, 애니북스
《할로영상》 이석범 글, 황금알
《부키 아저씨가 죽었어요》 헤롤드 커랜더 글, 한솔교육

삶의 터전에 의미를 부여하는 궤네깃또

《할로영상》 이석범 글, 황금알

《강림도령 궤네깃또》 송언 글, 한겨레신문사
《호두나무 왼쪽길로2》 박흥용, 황매
《문학 속의 지리 이야기》 조지욱, 사계절

저승 차사가 된 강림도령

《강림도령》 이용포 글, 배종숙 그림, 웅진주니어
《염라국 저승사자 강림도령》 송언 글, 정문주 그림, 한겨레아이들
《저승사자가 된 강림도령》 송언 글, 정보영 그림, 한림출판사
《저승사자 강림도령》 홍승우 글·그림, 한겨레아이들

손님을 대접하는 마음 마마신

《마마신 손님네》 이상교 글, 한림출판사
《알고 싶은 우리 옛 그림》 최석조 글, 아트북스
《우리가 정말 알아야 할 우리 신화》 서정오 글, 현암사
《한국신화》 이경덕 글, 현문미디어

이웃처럼 친근한 우리 도깨비

《황소와 도깨비》 이상 글, 한병호 그림, 다림
《깜박깜박 도깨비》 권문희 글, 사계절
《도깨비와 범벅 장수》 이상교 글, 한병호 그림, 국민서관
《누군 누구야 도깨비지》 조호상 글, 정병식 그림, 한겨레아이들
《도깨비 손님》 이혜숙 글, 정경심 그림, 창비
《신통방통 도깨비》 서정오 글, 김환영 그림, 보리
《도깨비, 잃어버린 우리의 신》 김종대 글, 인문서원

참고 문헌

저서

《살아 있는 우리 신화》 신동흔, 한겨레신문사(2004)

《우리가 정말 알아야 할 우리 신화》 서정오, 현암사(2003)

《신과 함께》 주호민, 애니북스(2017)

《한국의 창세신화》 김헌선, 길벗(1994)

《태초에 할망이 있었다》 고혜경, 한겨레출판(2010)

《우리 신화의 수수께끼》 조현설, 한겨레출판(2013)

《제주도 신화의 수수께끼》 현용준, 집문당(2007)

《한국신화의 비밀》 조철수, 김영사(2003)

《이야기 한국신화》 김익두, 한국문화사(2007)

《한국신화, 그 매혹의 스토리텔링》 김열규, 한울(2013)

《왜 우리 신화인가》 김재용 이종주 공저, 동아시아(2004)

《심리학이 만난 우리 신화 : 당신들이 나의 신이다》 이나미, 이랑(2016)

《한국의 고전을 읽는다 1》 김명호 등, 휴머니스트(2006)

《Basic 고교생을 위한 문학용어사전》 구인환 저, 신원문화사(2006)

논문

구연상, 〈악의 전통적 개념에 대한 우리말 뜻매김〉, 현대유럽철학연구

양영수, 〈제주신화에 나타난 여성성의 특징들〉, 탐라문화

부영란, 〈제주신화의 구조에 나타난 상징체계와 의미 분석〉, 한국교원대학교

이두현, 〈마마배송굿〉, 한국문화인류학

사이트

한국콘텐츠진흥원 문화콘텐츠닷컴 https://www.kocca.kr

네이버 지식백과 https://terms.naver.com

기사

〈우리에게 진짜 필요한 것은 관심과 사랑〉, 시선뉴스, https://bit.ly/2Z9664i

〈행복은 기쁨의 강도가 아니라 빈도다〉, 조선일보, https://bit.ly/2vixlNk

〈돈 많다고 행복? 일정 소득 넘으면 행복감은 제자리〉, 중앙일보, https://bit.ly/2wBJlnS

생각의 힘을 길러주는
우리 신화 읽기

초판 1쇄 발행 2019년 6월 30일
초판 2쇄 발행 2020년 6월 10일

지 은 이 신홍엽, 이임정, 정은해, 최혜정
본문삽화 김수정(artist811@hanmail.net)

기획편집 도은주
SNS 홍보 · 마케팅 류정화

펴 낸 이 윤주용
펴 낸 곳 초록비공방

출판등록 2013년 4월 25일 제2013-000130
주　　소 서울시 마포구 월드컵북로 402 KGIT센터 925C호
전　　화 0505-566-5522 팩스 02-6008-1777

메　　일 jooyongy@daum.net
포 스 트 http://post.naver.com/jooyongy
인 스 타 @greenrainbooks
페이스북 http://www.facebook.com/greenrainbook

ISBN 979-11-86358-59-7 (03150)

이 도서의 국립중앙도서관 출판예정도서목록(CIP)은 서지정보유통지원시스템 홈페이지(http://seoji.nl.go.kr)와 국가자료공동목록시스템(http://www.nl.go.kr/kolisnet)에서 이용하실 수 있습니다. (CIP제어번호 : CIP2019022526)